目次   Table des matières

JN090833

教員の方へ

「まとめシート」をそのまま使った確認テスト用紙を moije-multimedia.com からダウンロードできます。素早く採点でき、クラスのレベルや到達度に合わせてテスト内容の調節も可能です。

各課の確認テストと予習・復習用のテスト、の2種類があります。
詳しくは78ページ、79ページをご覧ください。

Pour les enseignants qui désirent donner des tests de vocabulaire, nous avons créé des **fiches de tests** prêtes à l'emploi. Elles sont très faciles à utiliser et sont conçues pour pouvoir être notées rapidement.
Elles existent sous deux formes:

- Tests classiques
- Tests préparation-révision

→ Voir: pages 78-79

Leçon 1 自己紹介をする Premières présentations

⇒教科書 pp.12 – 15

Pratiquez à l'oral avec des camarades en utilisant les questions ci-dessous. Réagissez à leurs réponses avec « Moi aussi », « Moi non plus » ou « Moi, ... ».

1. アンケート　Enquête

(1) クラスメイトに日本人かどうか（Est-ce que tu es japonais(e) ? / Tu es japonais(e) ?）を聞いてみましょう。その答えに対しては、「Moi aussi.」「Moi non plus.」「Moi,...」のいずれかを使って返答して下さい。

(2) 同様に、
- 「結婚しているか（Est-ce que tu es marié(e) ? / Tu es marié(e) ?）」
- 「1年生か（**Est-ce que tu es en première année ? / Tu es en première année ?**）」
- 「社会学部か（**Est-ce que tu es en sociologie ? / Tu es en sociologie ?**）」…についても話してみて下さい。

■ 質問文と答えの例　Questions

> A : **Tu es japonais(e) ?**
> B : Oui, je suis japonais(e).
> A : **Moi aussi.**

> A : **Est-ce que tu es japonais(e) ?**
> B : Non, je suis chinois(e).
> A : **Moi, je suis japonais(e).**

> A : **Est-ce que tu es marié(e) ?**
> B : Non, je ne suis pas marié(e).
> A : **Moi non plus.**

■ 語彙　Vocabulaire

Je suis...

1. marié(e)	結婚している	7. en sociologie	社会学部（に）
2. célibataire	独身の	8. en lettres	文学部（に）
3. en première année	1年生（に）	9. en droit	法学部（に）
4. en deuxième année	2年生（に）	10. en économie	経済学部（に）
5. en troisième année	3年生（に）	11. en technologie	工学部（に）
6. en quatrième année	4年生（に）	12. en médecine	医学部（に）

※もし言いたい単語がなければ、www.moije-multimedia.com もしくは辞書で調べるか、先生に聞いてみましょう。

■ アンケート表　Formulaire

	日本人？ japonais(e) ?	結婚？ marié(e) ?	学年？ année ?	学部？ faculté ?
例	japonaise	célibataire	en deuxième année	en droit
1人目				
2人目				
3人目				
4人目				

2. 練習問題（ポイント1）　　　　　　　　　　　　Exercices (Point 1)

A. 以下の文を女性形にしてみましょう。**Mettez au féminin.**

① Je suis marié.　　　　→　_____

② Tu es chinois ?　　　　→　_____

③ Il est canadien.　　　　→　_____

④ Vous êtes français ?　　→　_____

⑤ Ils ne sont pas coréens.　→　_____

B. 以下の日本語をフランス語で書いてみましょう。**Traduisez en français.**

① あなた（女）はカナダ人ですか？ (tu)

② あなた（男）は結婚していますか？ (vous)

③ いいえ、結婚していません。私（男）は独身です。

④ あなた（女）は日本人ですか？ (vous)

⑤ 私（女）はアメリカ人ではありません。

3. 練習問題 （ポイント2）　　　　　　　　　　　　Exercices (Point 2)

以下の日本語をフランス語で書いてみましょう。**Traduisez en français.**

① A：私は社会学部です。
　B：私は文学部です

② A：私は3年生です。
　B：私もです。
　C：私は2年生です。

Leçon 2　今住んでいるところや出身地について話す
Dire où on habite et d'où on vient

⇒教科書 pp.16 – 19

Demandez à plusieurs camarades s'ils habitent près de l'université et continuez en leur posant une question sur leur lieu d'origine. Commencez la conversation en saluant et en vous présentant.

1. アンケート　**Enquête**

■ 質問文と答えの例　**Questions**

会話を始める前に、練習として下のような挨拶と自己紹介をしてみましょう。
- 「こんにちは、元気？　**Bonjour, ça va ?**」
- 「私の名前は…です。**Je m'appelle....**」

> A : Bonjour, ça va ?
> B : Ça va. Et toi?
> A : Ça va très bien, merci. Je m'appelle Yuki.
> B : Moi, je m'appelle Daisuke. Enchanté.

(1)「この近くに住んでいるか（**Est-ce que tu habites près d'ici ? / Tu habites près d'ici ?**）」を聞きましょう。

> A : **Est-ce que tu habites près d'ici ?**
> B : Oui, j'habite près d'ici. / Non, je n'habite pas près d'ici. J'habite à <u>Osaka</u>.

- (1)の答えが<u>はい</u>の場合、続けて「ここの出身ですか？（**Est-ce que tu es d'ici ? / Tu es d'ici ?**）」と聞いてみましょう。

> A : **Tu es d'ici ?**
> B : Oui, je suis d'ici. / Non, je suis d'Okinawa.

- (1)の答えが<u>いいえ</u>の場合、続けて「_____の出身ですか？（**Est-ce que tu es de (d') _____ ? / Tu es de (d') _____ ?**）」と聞いてみましょう。

> A : **Tu es d'<u>Osaka</u> ?**
> B : Oui, je suis d'Osaka. / Non, je suis de Nagano.

■ アンケート表　**Formulaire**

	名前 nom	住んでいる場所 lieu d'habitation	出身地 lieu d'origine
例	Suzuki Taro	Fukuoka	Iwate
1人目			
2人目			
3人目			
4人目			
5人目			
6人目			
7人目			
8人目			

2. 練習問題 （ポイント 1）　　　　　　　　　　　　　　　　　　**Exercices (Point 1)**

A. 以下の単語を並べ替えて、和文の意味になるように文を作りましょう。**Mettez les mots dans l'ordre.**

① 彼はここに住んでいません。

| ici | il | habite | ' | pas | n |

→ _____

② 私はここの近くに住んでいます。

| habite | j | près | ' | ici | d | ' |

→ _____

③ あなたはここから遠くに住んでいますか？

| vous | ' | d | habitez | ici | loin | ?

→ _____

B. 以下の日本語を、フランス語で書いてみましょう。**Traduisez en français.**

① ここから遠くに住んでいますか？ (tu)

② 駅の近くに住んでいます。あなたは？ (vous)

③ パリには住んでいません。

3. 練習問題（ポイント 2）　　　　　　　　　　　　　　　　　　**Exercices (Point 2)**

A. 次の文章には、エリジョンがされていない誤りがいくつか含まれています。以下の文中の **de**、**je**、**ne**、**que** を丸で囲み、エリジョンをさせて書き直してみましょう。
Les phrases ci-dessous contiennent des erreurs car aucune élision n'est faite. Entourez les petits mots (*de – je – ne – que*) et réécrivez les phrases en faisant l'élision.

① Je suis de Aichi mais je habite près de Osaka.　_____

② Il ne est pas de Odawara. Il est de Atami.　_____

③ Est-ce que elle est américaine ?　_____

B. 以下の日本語を、フランス語で書いてみましょう。**Traduisez en français.**

① 私は京都の出身です。神戸に住んでいます。

② あなたはここの出身ですか？ (vous)

③ 彼はパリ出身ですか？

Leçon 3 | 交通手段について話す
Parler des transports

⇒教科書 pp.20 – 23

Demandez à plusieurs camarades où ils habitent et comment ils viennent à l'université. Variez la forme des questions.

1. アンケート　Enquête

(1) クラスメイトに「住んでいる場所」を聞いてみましょう。そのときは、「＿＿に住んでいますか？（**Est-ce que tu habites à ＿＿ ?**）」または「どこに住んでいますか？（**Tu habites où?**）」といった、はい・いいえで答える疑問文、及び、疑問詞を使った疑問文の両方を交替で使って聞きましょう。

(2) 次に、「学校への交通手段」についても聞いてみましょう。(1)と同様に、「＿＿で来ますか？（**Tu viens ici ＿＿ ?**）」または「どうやって来ますか？（**Tu viens ici comment ?**）」という2つの疑問文のパターンを交替で使いましょう。

■ 質問文と答えの例　Questions

<はい・いいえで答える疑問文>
A : **Est-ce que tu habites à Nagoya?**
B : Non, j'habite à Gifu.
<疑問詞を使った疑問文>
A : **Tu habites où?**
B : J'habite à Gifu.

<はい・いいえで答える疑問文>
A : **Tu viens ici en scooter ?**
B : Non, je viens ici en train.
<疑問詞を使った疑問文>
A : **Tu viens ici comment ?**
B : Je viens ici en train.

■ 語彙　Vocabulaire

1. en train	電車で	5. en scooter	原付バイクで
2. en métro	地下鉄で	6. en vélo / à vélo	自転車で
3. en bus	バスで	7. à pied	歩いて
4. en voiture	自動車で		

※もし言いたい単語がなければ、www.moije-multimedia.com もしくは辞書で調べるか、先生に聞いてみましょう。

■ アンケート表　Formulaire

	名前 nom	住んでいる場所 lieu d'habitation	交通手段 moyen de transport
例	Taro	Tottori	en bus
1人目			
2人目			
3人目			
4人目			
5人目			
6人目			
7人目			
8人目			

2. 練習問題 （ポイント1）　　　　　　　　　　　　　Exercices (Point 1)

以下の日本語をフランス語で書いてみましょう。**Traduisez en français.**

① 名古屋出身ですか？ (tu)

② 何年生ですか？ (vous)

③ あなたは社会学部ですか？ (vous)

④ 出身はどこですか？ (vous)

3. 練習問題 （ポイント2）　　　　　　　　　　　　　Exercices (Point 2)

A. 以下の文中の疑問詞を丸で囲みましょう。次に、「くだけた言い方」から「標準的な言い方」の文に書き直しましょう。**Entourez le mot interrogatif quand il y en a un puis changez les constructions de « familier » à « standard ».**

① Tu viens ici comment ?

② Vous êtes français ?

③ Ils sont mariés ?

④ Tu es en quelle année ?

B. 以下の日本語をフランス語で書いてみましょう。**Traduisez en français.**

① どうやってここに来ますか？ (tu)

② ここに歩いて来ますか？ (tu)

③ ここには電車と地下鉄とバスで来ます。

④ ここには自転車かバスで来ます。

Leçon 4

アルバイトについて話す
Parler des petits boulots

⇒教科書 pp.24 - 27

Demandez à plusieurs camarades s'ils travaillent. S'ils répondent oui, demandez-leur comment c'est. S'ils répondent non, demandez-leur s'ils aimeraient travailler, où ils aimeraient travailler et pourquoi.

1. アンケート　Enquête

(1) クラスメイトに、「アルバイトしているか（**Est-ce que tu travailles ?**）」を聞きましょう。答える方は、アルバイトをしている場合はそれがどこかも答えましょう。

- (1)の答えが<u>はい</u>の場合、続けて「それはどんなふうか（**C'est comment ?**）」を聞いてみましょう。

- (1)の答えが<u>いいえ</u>の場合、続けて「アルバイトをしたいか（**Est-ce que tu aimerais travailler ?**）」や「どこでアルバイトをしたいか（**Où est-ce que tu aimerais travailler ?**）」や「その理由（**Pourquoi ?**）」も聞いてみましょう。

■ 質問文と答えの例　Questions

A : **Est-ce que tu travailles ?**
B : Oui, je travaille dans une supérette. / Non, je ne travaille pas.

A : **C'est comment ?**
B : C'est facile, mais fatigant.

A : **Est-ce que tu aimerais travailler ?**
B : Oui, j'aimerais travailler.
A : **Où est-ce que tu aimerais travailler ?**
B : J'aimerais travailler dans une école du soir.
A : **Pourquoi ?**
B : Parce que* c'est bien payé.　* parce que : なぜなら

■ 語彙　Vocabulaire

1. dans un café	カフェで	8. bien payé	給料がいい
2. dans un restaurant	レストランで	9. facile	簡単だ
3. dans un magasin	お店で	10. difficile	難しい
4. dans un hôtel	ホテルで	11. intéressant	面白い
5. dans une école du soir	塾で	12. fatigant	疲れる
6. à la cafétéria	カフェテリアで	13. Je n'ai pas le temps.	時間がありません。
7. à la bibliothèque	図書館で	14. J'ai assez d'argent.	お金は足りています。

※もし言いたい単語がなければ、www.moije-multimedia.com もしくは辞書で調べるか、先生に聞いてみましょう。

■ アンケート表　Formulaire

	<アルバイトをしている場合> Si vous avez un petit boulot…		<アルバイトをしていない場合> Si vous n'avez pas de petit boulot…		
	どこで？ où?	どんなふう？ C'est comment?	アルバイトしたい？ Aimeriez-vous travailler?	どこで？ où?	なぜ？ pourquoi?
例 1	dans un café	intéressant	-	-	-
例 2	-	-	Non	-	Elle n'a pas le temps.
1人目					
2人目					
3人目					
4人目					
5人目					

* 無回答の場合は、「-」を入れましょう。

2. 練習問題 （ポイント1）　　　　　　　　　　Exercices (Point 1)

A. 以下の肯定文を否定文に書き換えてみましょう。**Transformez les phrases affirmatives en phrases négatives.**

① Elle travaille près d'ici.

② Vous travaillez à la bibliothèque ?

③ Je travaille dans une école du soir.

B. 以下の日本語をフランス語で書いてみましょう。**Traduisez en français.**

① アルバイトをしていますか？ (tu)

② アルバイトをしたいですか？ (vous)

③ どこでアルバイトをしていますか？ (vous)

④ コンビニでアルバイトをしています。

⑤ アルバイトはしていませんが、塾でアルバイトしたいです。

3. 練習問題 （ポイント2）　　　　　　　　　　Exercices (Point 2)

以下の日本語をフランス語で書いてみましょう。**Traduisez en français.**

① どうですか？

② おもしろいし、時給もいいです。

③ 疲れるけれど、おもしろいです。

④ おもしろいですか？

Leçon 5

ペットなどについて話す
Parler de ses animaux domestiques, etc.

⇒教科書 pp.28 – 31

Demandez à plusieurs camarades s'ils ont un animal. S'ils répondent oui, demandez-leur ce qu'ils ont comme animal. S'ils répondent non, demandez-leur ce qu'ils aimeraient avoir comme animal. Parlez aussi d'ordinateurs, de téléphones portables, de scooters et de voitures.

1. アンケート　Enquête

(1) クラスメイトに、「ペットを飼っているかどうか（**Est-ce que tu as un animal ?**）」を聞きましょう。

- (1)の答えがはいの場合、「それはどんな犬（猫など）か（**Qu'est-ce que tu as comme chien (chat, etc.) ?**）」を聞いてみましょう。

- (1)の答えがいいえの場合、「どんなペットを飼ってみたいか（**Qu'est-ce que tu aimerais avoir comme animal ?**）」を聞いてみましょう。

(2) 同様に、パソコン、携帯電話、スクーターや車についても話してみて下さい。

■ 質問文と答えの例　Questions

> A : **Est-ce que tu as un animal ?**
> B : Oui, j'ai un chien. / Non, je n'ai pas d'animal.

> A : **Qu'est-ce que tu as comme chien ?**
> B : J'ai un Labrador.

> A : **Qu'est-ce que tu aimerais avoir comme animal ?**
> B : J'aimerais avoir un chat. / Je ne veux pas avoir d'animal.

■ 語彙　Vocabulaire

1. un animal	ペット	9. un téléphone portable	携帯電話
2. un chien	犬	10. un Docomo	ドコモの携帯電話
3. un Labrador	ラブラドール	11. un scooter	スクーター
4. un bâtard	雑種	12. un Honda	ホンダのスクーター
5. un chat	猫	13. une voiture	車
6. un chat siamois	シャム猫	14. une Honda	ホンダの車
7. des poissons	魚（複数）	15. un ordinateur	パソコン
8. un hamster	ハムスター	16. un Mac	マックのパソコン

※もし言いたい単語がなければ、www.moije-multimedia.com もしくは辞書で調べるか、先生に聞いてみましょう。

■ アンケート表　Formulaire

	質問 Questions	ペット animaux	携帯電話 téléphones portables	スクーター scooters	車 voitures	パソコン ordinateurs
例	(1) oui / non	oui	oui	non	non	oui
	(2) どんな？	un chien	un Docomo	-	une Honda	un Sony
1人目	(1) oui / non					
	(2) どんな？					
2人目	(1) oui / non					
	(2) どんな？					
3人目	(1) oui / non					
	(2) どんな？					

2. 練習問題（ポイント1） Exercices (Point 1)

A. 以下の問いかけに対して、否定形で答える文を作ってみましょう。**Répondez négativement.**

① Tu as un ordinateur ?　　　　　　　　_____

② Il a une petite amie ?　　　　　　　　_____

③ Tu aimerais avoir un animal ?　　　　_____

B. 以下の日本語をフランス語で書いてみましょう。**Traduisez en français.**

① 私は犬1匹と猫1匹を飼っています。

② 私はスクーターは持っていませんが車は持っています。

③ あなたは犬を飼いたいですか？ (tu)

④ 私はペットを飼っていません。

⑤ 私には兄弟も姉妹もいません。

3. 練習問題（ポイント2） Exercices (Point 2)

A. 動詞「**avoir**」を適切な形に活用し、空欄に書き込みましょう。**Complétez avec la forme correcte.**

① Vous _____ un chien ? Moi, je n'_____ pas d'animal domestique.

② Nous _____ un chat, un chien et des poissons.

③ Qu'est-ce que tu _____ comme voiture ?

④ Elles _____ un hamster.

B. 以下の日本語をフランス語で書いてみましょう。**Traduisez en français.**

① あなたは何の携帯電話を持っていますか？ (vous)

② A：あなたは何の車が欲しいですか？ (tu)
　 B：プリウス（Prius）が欲しいです。

Leçon 6　科目・先生について話す
Parler des matières et des profs

⇒教科書 pp.32 - 35

Parlez avec vos camarades des matières que vous étudiez et des profs que vous avez. Donnez votre opinion et justifiez-la avec un adjectif.

1. アンケート　Enquête

(1) クラスメイトに「勉強している科目が好きか（**Tu aimes _____ ?**）」を聞きましょう。答える方は、理由もつけて返答しましょう。

> A : **Tu aimes les maths ?**
> B : Non, je n'aime pas ça. C'est ennuyeux.

(2) 次に「その科目の先生が好きか（**Et le (la) prof de _____, tu l'aimes bien ?**）」も聞いてみましょう。答える方は、同じく理由もつけて返答しましょう。

> A : **Et le prof de maths, tu l'aimes bien ?**
> B : Oui, je l'aime bien. Il est gentil.

(3) また、(1) と (2) の順番を反対にして練習してみましょう。

> A : **Tu aimes bien le prof de maths ?**
> B : Oui, je l'aime bien. Il est gentil.
> A : **Et les maths, tu aimes ça ?**
> B : Non, je n'aime pas ça. C'est ennuyeux.

■ 質問文と答えの例　Questions

■ 語彙　Vocabulaire

＜科目＞		＜先生の形容詞＞	
1. les maths	数学	3. intéressant	面白い
2. l'anglais	英語	4. ennuyeux	退屈な
3. l'économie	経済学	5. utile	役に立つ
4. le droit	法学	1. sympa	感じがいい
5. la physique	物理学	2. sévère	厳しい
6. la sociologie	社会学	3. intéressant（intéressante）	面白い
＜科目の形容詞＞		4. ennuyeux（ennuyeuse）	退屈な
1. facile	簡単な	5. gentil（gentille）	優しい
2. difficile	難しい	6. beau（belle）	きれい・かっこいい

※もし言いたい単語がなければ、www.moije-multimedia.com もしくは辞書で調べるか、先生に聞いてみましょう。

■ アンケート表　Formulaire

	科目 matières	科目の好き嫌い Matières : tu aimes ça?	その理由 Pourquoi ?	先生の好き嫌い Prof : tu l'aimes bien?	その理由 Pourquoi ?
例	l'anglais	oui	utile	oui	sympa
1人目					
2人目					
3人目					
4人目					
5人目					

2. 練習問題（ポイント1）　　　　　　　　　　　　　　　　　Exercices (Point 1)

A. 下線部の語彙を代名詞 **le、la、l'、les、ça** のいずれかに置き換えて、文を書き直してみましょう。
Réécrivez les phrases en remplaçant le groupe nominal souligné par un pronom.

① J'aime bien le prof d'anglais.　　　　　　＿＿＿＿＿＿＿＿＿＿＿＿＿＿＿

② Est-ce que tu aimes la sociologie ?　　　＿＿＿＿＿＿＿＿＿＿＿＿＿＿＿

③ Elle aime beaucoup la prof de droit.　　　＿＿＿＿＿＿＿＿＿＿＿＿＿＿＿

B. 以下の日本語を、フランス語で書いてみましょう。**Traduisez en français.**

① A：あなたは経済学の先生（女性）が好きですか？ (tu)
　B：はい、好きです。

② A：あなたは物理学の先生（男性）が好きですか？ (vous)
　B：はい、好きです。

③ A：あなたは物理学が好きですか？ (tu)
　B：はい、好きです。

3. 練習問題（ポイント2）　　　　　　　　　　　　　　　　　Exercices (Point 2)

A. 以下の文中の空欄に **c'est / il est / elle est** のいずれかを当てはめ、文を完成させましょう。（はじめの文字は必要に応じて大文字にしてください。）**Complétez les phrases en choisissant entre « c'est », « il est » et « elle est ».**

① J'aime beaucoup le droit. ＿＿＿＿＿ très intéressant.

② Je n'aime pas la prof d'anglais. ＿＿＿＿＿ ennuyeuse. Je préfère le prof de français ! ＿＿＿＿＿ sympa.

③ J'aime bien l'économie, ＿＿＿＿＿ utile.

B. 以下の日本語を、フランス語で書いてみましょう。**Traduisez en français.**

① 英語が大好きです。面白いしとても役に立ちます。

② 英語の先生が好きです。彼は優しいです。

③ 経済学が好きですが、経済学の先生（女）はあまり好きではありません。

Leçon 7 | 食べ物について話す
Parler de ce qu'on mange

⇒教科書 pp.36 - 39

Demandez à vos camarades ce qu'ils mangent et ce qu'ils boivent le matin. Continuez en leur demandant (mécaniquement) s'ils aiment bien cette nourriture ou cette boisson. Attention à l'article.

1. アンケート　Enquête

(1) クラスメイトに「朝は何を食べるか（**Qu'est-ce que tu manges le matin ?**）」を聞きましょう。続けて「それが好きか（**Tu aimes _____?**）」も聞いてみましょう。

(2) 次に「朝は何を飲むか（**Qu'est-ce que tu bois le matin ?**）」も聞きましょう。続けて「それが好きか（**Tu aimes _____?**）」も聞いてください。

■ 質問文と答えの例　Questions

> A : **Qu'est-ce que tu manges le matin ?**
> B : Je mange des céréales.
> A : **Tu aimes les céréales ?**
> B : Oui, j'aime beaucoup ça.

> A : **Qu'est-ce que tu bois le matin ?**
> B : Je bois du lait.
> A : **Tu aimes le lait ?**
> B : Non, pas beaucoup.

■ 語彙　Vocabulaire

1. du pain	パン	10. des céréales	シリアル
2. du riz	ご飯	11. un onigiri / des onigiris	おにぎり
3. du poisson	魚	12. un croissant / des croissants	クロワッサン
4. du natto	納豆	13. du café	コーヒー
5. de la salade	サラダ	14. du thé	お茶
6. de la soupe de miso	味噌汁	15. du lait	牛乳
7. un sandwich	サンドイッチ	16. du jus d'orange	オレンジジュース
8. un yaourt	ヨーグルト	17. de l'eau	水
9. une pomme	りんご		

※もし言いたい単語がなければ、www.moije-multimedia.com もしくは辞書で調べるか、先生に聞いてみましょう。

■ アンケート表　Formulaire

	朝に食べるもの Petit déjeuner: nourriture	朝に飲むもの Petit déjeuner: boisson
例	de la salade	du thé
1人目		
2人目		
3人目		
4人目		
5人目		
6人目		

2. 練習問題（ポイント1）　　　　　　　　　　　　　　Exercices (Point 1)

以下の日本語を、フランス語で書いてみましょう。**Traduisez en français.**

① ふつう、私は魚とごはんを食べます。

② 朝はパンを食べますか？ (tu)

③ 私はお米を食べません。

④ 朝は何を飲みますか？ (tu)

3. 練習問題（ポイント2）　　　　　　　　　　　　　　Exercices (Point 2)

A. 例にならって、左側は動詞 **aimer** を使って、右側は動詞 **manger** を使って作文してみましょう。
Réécrivez les phrases selon le modèle.

Exemple : J'aime la soupe de miso.　　　→　　　Je mange de la soupe de miso.

① _____　　→　　　Je bois du café.

② J'aime le lait.　　　　　　　　　→　　　_____

③ Vous aimez les onigiris ?　　　　→　　　_____

④ Elle aime les yaourts.　　　　　→　　　_____

⑤ _____　　→　　　Tu manges du natto ?

B. 以下の日本語を、フランス語で書いてみましょう。**Traduisez en français.**

① コーヒーは飲みますか？コーヒーが好きですか？ (tu)

② 魚が好きですか？魚を食べますか？ (vous)

③ 紅茶は飲みません。

④ 私は朝に納豆を食べます。健康にいいです。

Leçon 8 | 家事について話す
Parler des tâches ménagères
⇒教科書 pp.40 – 43

Demandez à vos camarades qui s'occupe des différentes tâches ménagères chez eux. Variez la forme des questions.

1. アンケート　Enquête

(1) クラスメイトに「一人暮らしかどうか（**Tu habites tout(e) seul(e) ?**）」を聞きましょう。答える方は、一人暮らしでない場合は誰と住んでいるかも答えましょう。

- (1)の答えが<u>はい</u>の場合、「料理をするのは誰か」を聞いてみましょう。そのときは、「料理をするのは君ですか（**C'est toi qui fais la cuisine ?**）」または「君の家では誰が料理をしますか（**Qui fait la cuisine chez toi ?**）」といった、はい・いいえで答える疑問文、及び、疑問詞を使った疑問文の両方を交替で使って聞きましょう。

- (1)の答えが<u>いいえ</u>の場合も、「料理をするのは誰か」を聞いてみましょう。そのときは、「料理をするのはお母さんですか（**C'est ta mère qui fait la cuisine ?**）」または「実家では誰が料理をしますか（**Qui fait la cuisine chez tes parents?**）」といった、はい・いいえで答える疑問文、及び、疑問詞を使った疑問文の両方を交替で使って聞きましょう。

(2) 同様に、掃除と買い物についても話してみて下さい。

■ 質問文と答えの例　Questions

A : **Tu habites tout(e) seul(e) ?**
B : Oui. / Non, j'habite chez mes parents.

＜はい・いいえで答える疑問文＞
A : **C'est toi qui fais la cuisine ?**
B : Oui, c'est moi qui fais la cuisine.
＜疑問詞を使った疑問文＞
A : **Qui fait la cuisine chez toi ?**
B : C'est moi qui fais la cuisine.

＜はい・いいえで答える疑問文＞
A : **C'est ta mère qui fait la cuisine ?**
B : Non, c'est mon père qui fait la cuisine.
＜疑問詞を使った疑問文＞
A : **Qui fait la cuisine chez tes parents ?**
B : C'est mon père qui fait la cuisine.

■ 語彙　Vocabulaire

ma / ta / votre ...		mon / ton / votre ...		mes / tes / vos ...	
1. petite sœur	妹	1. petit frère	弟	1. frères et sœurs	兄弟姉妹
2. grande sœur	姉	2. grand frère	兄	2. enfants	子ども達
3. fille	娘	3. fils	息子	3. parents	両親
4. mère	母	4. père	父	4. grands-parents	祖父母
5. grand-mère	祖母	5. grand-père	祖父		

※もし言いたい単語がなければ、www.moije-multimedia.com もしくは辞書で調べるか、先生に聞いてみましょう。

■ アンケート表　Formulaire

	誰と住んでいる？ vit avec qui?	料理 la cuisine	掃除 le ménage	買い物 les courses
例	chez mes parents	mon père	ma grande sœur	moi
1人目				
2人目				
3人目				
4人目				
5人目				

2. 練習問題（ポイント1）

A. （ ）内の日本語の意味になるように、空欄に適切な所有形容詞を書きましょう。
Traduisez en français les adjectifs possessifs.

① _____ parents (私の)

② _____ fille (私の)

③ _____ parents (あなた達の)

④ _____ grand-père (私の)

⑤ _____ mère (あなたの-vous)

B. 以下の日本語を、フランス語で書いてみましょう。**Traduisez en français.**

① あなたの家では誰が掃除をしますか？ (tu)

② あなたの両親の家では誰が買い物をしますか？ (tu)

③ 私の母か私です。

3. 練習問題（ポイント2）

A. 左側と右側の文がつながるように、線で結んでみましょう。**Reliez les éléments à droite et à gauche pour faire correspondre le sujet au verbe.**

C'est ma mère	*		*	qui fait
C'est moi	*		*	qui faites
Ce sont mes parents	*		*	qui fais
C'est vous	*		*	qui font

B. 以下の日本語を、フランス語で書いてみましょう。**Traduisez en français.**

① 掃除をするのはあなたですか？ (vous)

② いいえ、弟です。

③ 料理をするのは母ですが、掃除をするのは私です。

Leçon 9

家族について話す
Parler de sa famille

⇒教科書 pp.44 – 47

Demandez à vos camarades quel âge ils ont. Demandez-leur s'ils ont des frères et sœurs (→ Leçon 5). Si oui, demandez-leur comment ils s'appellent et quel âge ils ont.

1. アンケート　Enquête

(1) クラスメイトに「年齢（**Tu as quel âge ?**）」を聞いてみましょう。 →

(2) 次に、「兄弟姉妹がいるかどうか（**Est-ce que tu as des frères et sœurs ?**）」を聞いてみましょう。 →

(3) 答えが<u>はい</u>の場合は、「その兄弟姉妹の名前（**Il s'appelle / elle s'appelle / ils s'appellent / elles s'appellent comment ?**）と年齢（**Il a / elle a / ils ont / elles ont quel âge ?**）」も聞いてみましょう。 →

■ 質問文と答えの例　Questions

> A : **Tu as quel âge ?**
> B : J'ai 20 ans.

> A : **Est-ce que tu as des frères et sœurs ?**
> B : Oui, j'ai un frère et une sœur. / Non, je n'en ai pas.

> A : **Ils s'appellent comment ?**
> B : Ils s'appellent Yoshiaki et Kumiko.
> A : **Ils ont quel âge ?**
> B : Yoshiaki a 25 ans et Kumiko a 22 ans.

■ アンケート表　Formulaire

	年齢 âge	兄弟姉妹はいる？ frères et sœurs ?	兄弟姉妹の名前 noms des frères et sœurs	兄弟姉妹の年齢 âge des frères et sœurs
例	21 ans	deux sœurs	Yoko et Tomoko	18 ans et 16 ans
1人目				
2人目				
3人目				
4人目				
5人目				

2. 練習問題（ポイント1） **Exercices (Point 1)**

A. 左側の主語と右側の動詞が合うように、線で結んでみましょう。 **Reliez le pronom sujet et le reste du verbe.**

je	*	*	s'appelle
tu	*	*	vous appelez
il	*	*	s'appellent
nous	*	*	m'appelle
vous	*	*	nous appelons
elles	*	*	t'appelles

B. 以下の日本語を、フランス語で書いてみましょう。 **Traduisez en français.**

① 私の妹は 16 歳です。

② あなたは 18 歳ですか？ (tu)

③ 母は 46 歳で、父は 50 歳です。

④ あなたの兄弟姉妹は何歳ですか？ (tu)

3. 練習問題（ポイント2） **Exercices (Point 2)**

以下の日本語を、フランス語で書いてみましょう。 **Traduisez en français.**

① 私の母は働いていません。料理をするのは彼女です。

② 私には姉がいます。彼女は東京で一人暮らしをしています。会社（une entreprise）で働いています。

③ 私の祖母は犬を飼っています。プードル（un caniche）です。

④ 私の姉は、なみという名前です。19 歳です。神戸の大学生です。

Leçon 10
クラブ活動について話す
Parler des loisirs

⇒教科書 pp.48 – 51

Demandez à vos camarades s'ils font du sport et de la musique. S'ils répondent oui, demandez-leur s'ils sont membres du club correspondant. S'ils répondent non, demandez-leur s'ils sont membres d'un club.

1. アンケート　Enquête

(1) クラスメイトに「スポーツをしているか（**Est-ce que tu fais du sport ? / Tu fais du sport ?**）」を聞いてみましょう。<u>はい</u>と答える方は、何のスポーツをしているかも答えましょう。

- (1)の答えが<u>はい</u>の場合、続けてそのクラブ・サークルの一員であるか（**Est-ce que tu es membre du club de ○○ ? / Tu es membre du club de ○○ ?**）を聞いてみましょう。

(2) 同様に、音楽についても聞いてみましょう。

(3) (1)と(2)の答えがどちらも<u>いいえ</u>の場合、「何かクラブに入っているか（**Est-ce que tu es membre d'un club ? / Tu es membre d'un club ?**）」を聞いてみてください。

■ 質問文と答えの例　Questions

A : **Est-ce que tu fais du sport ?**
B : Oui, je fais du tennis. / Non, je n'en fais pas.

A : **Est-ce que tu es membre du club de tennis ?**
B : Oui, je suis membre du club de tennis. / Non, je ne suis pas membre du club de tennis.

A : **Est-ce que tu es membre d'un club ?**
B : Oui, je suis membre <u>du</u> club de calligraphie. / Oui, je suis membre <u>d'un</u> club de photo. / Non, je ne suis membre d'aucun club. （クラブには入っていません。）

■ 語彙　Vocabulaire

Je fais...

1. du tennis	テニス	5. de la guitare	ギター
2. du baseball	野球	6. de la chorale	合唱
3. du piano	ピアノ	7. de la calligraphie	書道
4. de la natation	水泳	8. du théâtre	演劇

※もし言いたい単語がなければ、www.moije-multimedia.com もしくは辞書で調べるか、先生に聞いてみましょう。

■ アンケート表　Formulaire

	名前 nom	スポーツしてる? Tu fais du sport ?	音楽してる? Tu fais de la musique ?	クラブ club
例	Taro	Oui : du football	Non	football
1人目				
2人目				
3人目				
4人目				

2. 練習問題（ポイント1）　　　　　　　　　　　　Exercices (Point 1)

A. 例にならって、以下の文に「いいえ」で答える文をつくりましょう。**Répondez avec "non" et la forme négative.**

Exemple: *Tu fais du sport ?* — *Non, je ne fais pas de sport.*

① Vous faites de la danse ?　　　_____

② Est-ce qu'il fait de l'aikido ?　　_____

③ Faites-vous une activité ? (nous)　_____

④ Tu fais de la guitare ?　　　　_____

⑤ Elle fait de la danse ?　　　　_____

⑥ Ils font du sport ?　　　　　　_____

B. 以下の日本語を、フランス語で書いてみましょう。**Traduisez en français.**

① クラブ活動をしていますか？ (vous)

② 私は、演劇活動とダンスをしています。あなたは？ (vous)

③ 私はスポーツが大好きです。陸上競技と体操とサッカーをしています。

④ 何のクラブ活動をしていますか？ (vous)

3. 練習問題（ポイント2）　　　　　　　　　　　　Exercices (Point 2)

以下の日本語を、フランス語で書いてみましょう。**Traduisez en français.**

① ここでは、私は剣道部の一員です。あなたは？ (tu)

② A：クラブの一員ですか？ (tu)

　　B：はい、（この大学の）写真部の一員です。

Leçon 11　習慣について話す
Parler de ses habitudes

⇒教科書 pp.52 – 55

Demandez à vos camarades s'ils aiment le natto (les choses épicées / le chocolat). S'ils répondent oui, demandez-leur s'ils en mangent souvent. S'ils répondent non, demandez-leur s'ils n'en mangent jamais.

1. アンケート　Enquête

(1) クラスメイトに「納豆が好きか（**Est-ce que tu aimes le natto ? / Tu aimes le natto ?**）」を聞いてみましょう。

- (1)の答えが<u>はい</u>の場合、続けて「それをよく食べるか（**Est-ce que tu en manges souvent ? / Tu en manges souvent ?**）」を聞いてみましょう。

- (1)の答えが<u>いいえ</u>の場合、続けて「それを食べたことがないのか（**Tu n'en manges jamais ?**）」を聞いてみましょう。

(2) 同様に、辛いもの（les choses épicées）とチョコレート（le chocolat）についても聞いてみて下さい。

■ 質問文と答えの例　Questions

A : **Est-ce que tu aimes le natto ?**
B : Oui, j'aime bien ça. / Non, je n'aime pas ça.

A : **Tu en manges souvent ?**
B : Oui, j'en mange souvent. / Non, je n'en mange pas souvent.

A : **Tu n'en manges jamais ?**
B : Si, j'en mange parfois. / Non, je n'en mange jamais.

■ 復習　Rappel

j'aime beaucoup	++	大好き
j'aime bien	+	好き
je n'aime pas beaucoup	-	あまり好きではない
je n'aime pas	--	好きではない

■ 追加表現　Expression Supplémentaire

<u>parfois</u> = たまに

(例)　A : Tu n'en manges jamais ?
　　　B : Si, j'en mange <u>parfois</u>.

■ アンケート表　Formulaire

	名前 nom	納豆 natto	辛いもの choses épicées	チョコレート chocolat
例	Taro	Non → jamais	Non → parfois	Oui → souvent
1人目				
2人目				
3人目				
4人目				

2. 練習問題（ポイント1）　　　　　　　　　　　　　　Exercices (Point 1)

A. 以下の文を「**en**」を使った文に書き換えましょう。**Transformez avec "en".**

① Je mange de la confiture tous les jours. _____

② Elle mange du natto ? _____

③ Vous ne mangez pas de pain ? _____

④ Tu manges souvent des sashimis ? _____

B. 以下の文を「**ça**」を使った文に書き換えましょう。**Transformez avec " ça ".**

① J'aime beaucoup le fromage. _____

② Vous aimez les tsukemonos ? _____

③ Il adore la salade. _____

④ Tu n'aimes pas les carottes ! _____

C. 以下の日本語を、フランス語で書いてみましょう。**Traduisez en français.**

① よく納豆を食べますか？ (vous)

② 私は、まったく魚を食べません。あなたは？ (vous)

③ 辛いものをよく食べますか？ (tu)

3. 練習問題（ポイント2）　　　　　　　　　　　　　　Exercices (Point 2)

以下の日本語を、フランス語で書いてみましょう。**Traduisez en français.**

① 私はよくチョコレートを食べます。大好きです。

② A：みそ汁が好きですか？ (tu)

　　B：はい、大好きです。毎晩それを食べます。

Leçon 12

週末の過ごし方について話す
Parler du week-end

⇒教科書 pp.56 – 59

Posez des questions à vos camarades à propos de leurs projets pour le week-end qui vient.

1. アンケート　Enquête

(1) クラスメイトに「この週末に働くつもりか（**Est-ce que tu vas travailler ce week-end ? / Tu vas travailler ce week-end ?**）」を聞いてみましょう。

➡ A : **Est-ce que tu vas travailler ce week-end ?**
B : Oui, je vais travailler. / Non, je ne vais pas travailler.

(2) 次に、「土曜日に何をするつもりか（**Qu'est-ce que tu vas faire samedi ?**）」を聞いてみましょう。

➡ A : **Qu'est-ce que tu vas faire samedi ?**
B : Je vais aller au musée du Louvre.

(3) 同様に、「日曜日に何をするつもりか（**Qu'est-ce que tu vas faire dimanche ?**）」も聞いてみましょう。

➡ A : **Qu'est-ce que tu vas faire dimanche ?**
B : Je vais faire le ménage.

(4) また、「日曜日は遅く起きるつもりか（**Est-ce que tu vas te lever tard dimanche ?**）」も聞いてみましょう。

➡ A : **Est-ce que tu vas te lever tard dimanche ?**
B : Oui, je vais me lever tard. / Non, je ne vais pas me lever tard.

■ 質問文と答えの例　Questions

■ 語彙　Vocabulaire

Je vais...

1. voir des amis	友達に会う	5. faire la cuisine	料理をする
2. aller à la bibliothèque	図書館に行く	6. faire un petit voyage	小旅行する
3. faire du shopping	ショッピングをする	7. me reposer	ゆっくりする
4. regarder un film	（テレビ・DVD で）映画を観る	8. me promener	散歩する

※もし言いたい単語がなければ、www.moije-multimedia.com もしくは辞書で調べるか、先生に聞いてみましょう。

■ アンケート表　Formulaire

	名前 nom	週末は働く？ Va travailler ce week-end ?	土曜日は何をする？ Va faire quoi samedi ?	日曜日は何をする？ Va faire quoi dimanche ?	日曜日は遅く起きる？ Va se lever tard dimanche ?
例	Taro	Non	il va aller au musée	il va faire le ménage	Oui
1人目					
2人目					
3人目					
4人目					

2. 練習問題（ポイント1）　Exercices (Point 1)

A. 再帰代名動詞の語尾に注意しながら、空欄に適切な主語と再帰代名詞を書いてみましょう。（答えが複数ある場合もあります。）**Complétez avec les pronoms qui conviennent, en fonction de la terminaison du verbe.**

① _____ _____ couchez tôt ?

② ____ ____ reposes, le samedi ?

③ ____ ____ appelle Reina. Elle est japonaise.

④ En général, _____ _____ levons tard, le dimanche.

⑤ ____ ____ couche tôt, ce soir : je dois travailler demain.

B. 空欄のいずれかに適切な再帰代名詞を書きましょう。**Complétez avec les pronoms qui conviennent.**

① Je vais ___ coucher tôt.

② Il va ___ promener ?

③ Je dois ___ lever tôt demain.

④ Vous allez ___ reposer dimanche.

⑤ Vous ___ appelez comment ?

C. 以下の日本語をフランス語で書いてみましょう。**Traduisez en français.**

① 今週末、映画館に行くつもりですか？ (vous)

② 私は、今週末は働くつもりはありません。プールに行くつもりです。

③ この夏、私たちは海に行くつもりです。

3. 練習問題（ポイント2）　Exercices (Point 2)

以下の日本語をフランス語で書いてみましょう。**Traduisez en français.**

① 今晩、私は早く寝るつもりです。疲れています。

② 日曜日、私はサッカーの試合をするので、早く起きなければなりません。

③ 土曜日、私たちは遅く寝るつもりですが、日曜日はゆっくり休むつもりです。

Leçon 13

時間について話す
Parler de l'heure

⇒教科書 pp.60–63

Demandez à vos camarades à quelle heure ils se lèvent et ils partent quand ils ont cours en première période puis à quelle heure ils se couchent en général / le samedi.

1. アンケート　Enquête

(1) クラスメイトに「一限目に授業がある時は何時に起きるか（**Tu te lèves à quelle heure, quand tu as cours en première période ?**）」を聞いてみましょう。

(2) 同様に、「一限目に授業がある時に家を何時に出るか？（**Tu pars à quelle heure, quand tu as cours en première période ?**）」を聞いてみましょう。

(3) 次に、「普段何時に寝るか（**Tu te couches à quelle heure en général ?**）」を聞いてみましょう。

(4) 同様に、「土曜日は何時に寝るか（**Tu te couches à quelle heure le samedi ?**）」についても聞いてみましょう。

■ 質問文と答えの例　Questions

> A : **Tu te lèves à quelle heure, quand tu as cours en première période ?**
> B : Je me lève vers sept heures.

> A : **Tu pars à quelle heure, quand tu as cours en première période ?**
> B : Je pars à huit heures et quart.

> A : **Tu te couches à quelle heure en général ?**
> B : Je me couche à dix heures et demie.

> A : **Tu te couches à quelle heure le samedi ?**
> B : Le samedi, je me couche à minuit.

■ アンケート表　Formulaire

	名前 nom	起きる時間 l'heure du lever	出発時間 l'heure du départ	就寝時間（普段） l'heure du coucher (en général)	就寝時間（土曜） l'heure du coucher (le samedi)
例	Taro	7:00	8:15	10:30	minuit
1人目					
2人目					
3人目					
4人目					

2. 練習問題（ポイント1）　　　　　　　　　　　　　Exercices (Point 1)

数字で書かれている時間を、文字で書きなおしてみましょう。**Écrivez les heures en lettres.**

① Il est 9h30.　　　　　→　　_____

② Il est 10h15.　　　　　→　　_____

③ Il est 4h45.　　　　　→　　_____

④ Il est 7h50.　　　　　→　　_____

⑤ Il est 2h20.　　　　　→　　_____

⑥ Il est 6h35.　　　　　→　　_____

3. 練習問題（ポイント2）　　　　　　　　　　　　　Exercices (Point 2)

以下の日本語を、フランス語で書いてみましょう。**Traduisez en français.**

① 日曜日は何時に起きますか？ (vous)

② 私は、いつも（toujours）11 時に寝ます。

③ 大学に行く時は何時頃に起きますか？ (tu)

④ 私は働く時は 5 時半に起きるので、10 時ごろに寝なければなりません。

Leçon 14 | 休暇中の活動について話す
Parler des vacances

⇒教科書 pp.64 – 67

Demandez à vos camarades s'ils ont travaillé pendant les vacances, puis ce qu'ils ont fait en août et en septembre. Continuez avec la question « C'était comment ? ».

1. アンケート　Enquête

(1) クラスメイトに「休暇中にアルバイトをしたか（**Est-ce que tu as travaillé pendant les vacances ? / Tu as travaillé pendant les vacances ?**）」を聞いてみましょう。

(2) 次に、「8月に何をしたか（**Qu'est-ce que tu as fait en août ?**）」を聞いてみましょう。続けて「それがどうだったか（**C'était comment ?**）」も聞いてみましょう。

(3) 同様に、9月についても聞いてみてください。

■ 質問文と答えの例　Questions

A : **Est-ce que tu as travaillé pendant les vacances ?**
B : Oui, j'ai travaillé. / Non, je n'ai pas travaillé.

A : **Qu'est-ce que tu as fait en août ?**
B : Je suis allé(e) en France.
A : **C'était comment ?**
B : C'était bien.

A : **Qu'est-ce que tu as fait en septembre ?**
B : J'ai travaillé.
A : **C'était comment ?**
B : C'était fatigant.

■ 語彙　Vocabulaire

1. J'ai travaillé.	アルバイトをした。	7. Je suis rentré(e) chez mes parents.	両親のところに帰った。
2. J'ai passé le permis.	運転免許を取った。	8. Je suis sorti(e) avec des amis.	友達と出かけた。
3. J'ai lu.	読書をした。	9. Je me suis reposé(e).	ゆっくりした。
4. J'ai fait du tennis.	テニスをした。	10. Je me suis promené(e).	散歩した。
5. Je suis allé(e) en France.	フランスに行った。	11. Je me suis baigné(e).	海水浴をした。
6. Je suis resté(e) ici.	ここにいた。	12. Je me suis levé(e) tard.	遅く起きた。

■ アンケート表　Formulaire

	名前 nom	休暇中働いた？ Tu as travaillé ?	8月は？ en août	どうだった？ C'était comment ?	9月は？ en septembre	どうだった？ C'était comment ?
例	Taro	Oui	Il est allé en France.	bien	Il a travaillé.	fatigant
1人目						
2人目						
3人目						
4人目						

2. 練習問題 （ポイント１） Exercices (Point 1)

A. 空欄に適切な動詞を書いてみましょう。 Complétez avec le verbe correct.

① Maria _____ allée en France.

② Elle _____ mangé des escargots.

③ Fabien _____ travaillé pendant les vacances.

④ On s'_____ bien promenés !

⑤ Fumiko _____ passé le permis.

⑥ Moi, j' _____ fait du tennis, ce week-end.

⑦ Ils _____ sortis samedi soir et ils se _____ reposés dimanche.

B. （）内の正しい表現を選び、丸で囲みましょう。 Entourez la forme correcte.

① Ils sont (rentré / rentrés) tard.

② Elle a (passé / passés) le permis.

③ Nous sommes (allé / allées) au cinéma.

④ Naomi, tu as (travaillé / travaillée), hier ?

⑤ Mes amies se sont bien (reposé / reposées).

3. 練習問題 （ポイント２） Exercices (Point 2)

A. 左側の文に続く文として、C'est / C'était のどちらか適切な方を空欄に書き込み、右側の文を完成させましょう。 Écrivez « C'est » ou « C'était », selon les cas.

① J'aime le chocolat. _____ bon !

② Tu es allé en France ? _____ comment ?

③ Tu travailles dans un café ? _____ comment ?

④ Moi, j'ai passé le permis. _____ difficile !

⑤ Cet été, je ne suis pas rentré chez mes parents. _____ trop loin.

B. 以下の日本語を、フランス語で書いてみましょう。 Traduisez en français.

① あなた（女）はこの夏中国に行ったのですね！どうでしたか？ (tu)

② この夏、私（男）は北海道にキャンプをしに（動詞 camper）行きました。よかったですが、少し疲れました。

Leçon 15 経験について話す
Parler de ses expériences

⇒教科書 pp.68 – 71

Demandez à vos camarades s'ils sont déjà allés à l'étranger / à Okinawa et si oui, quand. Puis demandez-leur s'ils ont déjà mangé des escargots.

1. アンケート　Enquête

(1) クラスメイトに「外国に行ったことがあるか（**Est-ce que tu es déjà allé(e) à l'étranger ? / Tu es déjà allé(e) à l'étranger ?**）」を聞いてみましょう。答えが<u>はい</u>の場合、続けて「それはいつだったか（**Quand ça ?**）」も聞いてみてください。

■ 質問文と答えの例　Questions

A : **Est-ce que tu es déjà allé(e) à l'étranger ?**
B : Oui, je suis déjà allé(e) à l'étranger. / Non, je ne suis jamais allé(e) à l'étranger.
A : **Quand ça ?**
B : Quand j'étais au collège.

(2) 同様に、沖縄についても聞いてみましょう。

A : **Est-ce que tu es déjà allé(e) à Okinawa ?**
B : Oui, je suis déjà allé(e) à Okinawa. / Non, je ne suis jamais allé(e) à Okinawa.
A : **Quand ça ?**
B : Quand j'étais au lycée.

(3) 次に、「エスカルゴを食べたことがあるか（**Est-ce que tu as déjà mangé des escargots ? / Tu as déjà mangé des escargots ?**）」を聞いてみましょう。

A : **Est-ce que tu as déjà mangé des escargots ?**
B : Oui, j'ai déjà mangé des escargots. / Non, je n'ai jamais mangé d'escargots.

■ アンケート表　Formulaire

	名前 nom	外国 à l'étranger	沖縄 Okinawa	エスカルゴ des escargots
例	Taro	Oui : au lycée	Oui : au lycée	Non
1人目				
2人目				
3人目				
4人目				
5人目				

2. 練習問題（ポイント1） Exercices (Point 1)

A. 国の名前の前に適切な前置詞を書いてみましょう。 **Les pays: « en » ou « au » ?**

_____ Corée   _____ Japon   _____Portugal

_____ Vietnam   _____ France   _____ Chine

B. 以下の日本語をフランス語で書いてみましょう。 **Traduisez en français.**

① あなた（男）はディズニーランドに行ったことがありますか？ (tu)

② 私（女）は、沖縄に行ったことがあります。あなたは？ (vous)

③ A：あなた（男）は日本でどこに行ったことがありますか？ (vous)
　　B：北海道と四国に行ったことがあります。

④ 私は納豆を一度も食べたことがありません！それ（＝納豆）はどうですか？

3. 練習問題（ポイント2） Exercices (Point 2)

A. 空欄に適切な冠詞を書いてみましょう。 **Écrivez l'article correct.**

① Vous avez déjà mangé _____ escargots ?

　　— Non, je n'ai jamais mangé _____ escargots.

② Tu as déjà mangé _____ natto ?

　　— Non, je n'ai jamais mangé _____ natto.

③ Je n'ai jamais mangé _____ bouillabaisse.

　　— Ah bon ? Moi, j'ai déjà mangé _____ bouillabaisse.

B. 以下の日本語をフランス語で書いてみましょう。 **Traduisez en français.**

① A：私（男）は長野に行ったことがあります。
　　B：いつですか？
　　A：私が小さかった頃、両親と一緒に行きました。

② A：私はホタテガイ（des coquilles Saint-Jacques）を食べたことがあります。
　　B：いつですか？
　　A：1年前、フランス料理レストランで食べました。

Leçon 16 | 地理について話す
Parler de la géographie

⇒教科書 pp.72 - 75

Demandez à vos camarades où ils habitent et combien de temps ça prend de chez eux à l'université. Puis demandez-leur combien de temps ça prend entre deux villes que vous aurez choisies vous-même. Si votre partenaire ne connaît pas la réponse à cette question, il doit répondre « Je ne sais pas ».

1. アンケート　Enquête

(1) クラスメイトに「どこに住んでいるか（**Est-ce que tu habites où ? / Tu habites où ?**）」を聞いてみましょう。続けて「家からここ（大学）まではどのくらい時間がかかるか（**Ça prend combien de temps de chez toi à ici ?**）」も聞いてみてください。

(2) 次に、自由に地名を２ヶ所挙げて、その２ヶ所の間の移動時間がどのくらいかかるか（**Ça prend combien de temps de ___ à ___ ?**）を聞いてみましょう。もしどのくらい時間がかかるか知らない場合は、「わかりません（**Je ne sais pas.**）」と答えましょう。

■ 質問文と答えの例　Questions

→
A : **Tu habites où ?**
B : J'habite à Shinjuku.
A : **Ça prend combien de temps de chez toi à ici ?**
B : Ça prend environ trente minutes.

→
A : **Ça prend combien de temps de Tokyo à Kyoto ?**
B : Ça prend environ trois heures. / Je ne sais pas.

■ 語彙　Vocabulaire

1. environ	約、およそ	5. un quart d'heure	15分
2. seconde	秒	6. une demi-heure	30分
3. minute	分	7. trois quarts d'heure	45分
4. heure	時間	8. deux heures et demie	2時間半

※もし言いたい単語がなければ、www.moije-multimedia.com もしくは辞書で調べるか、先生に聞いてみましょう。

■ アンケート表　Formulaire

	名前 nom	住んでいる場所 lieu d'habitation	家から大学までの時間 temps que ça prend entre le lieu d'habitation et l'université	___から___までの時間 temps que ça prend entre ___ et ___
例	Taro	Shinjuku	une demi-heure	d'Hakata à Kagoshima : environ une heure et demie
1人目				
2人目				
3人目				
4人目				
5人目				

2. 練習問題（ポイント１）　　　　　　　　　　　　　**Exercices (Point 1)**

A. （）の中の形容詞を空欄のどちらか正しい位置に書き込みましょう。**Placez correctement les adjectifs suivants.**

① C'est une _____ ville _____.　(grande)

② C'est une _____ ville _____.　(moyenne)

③ C'est une _____ ville _____.　(belle)

④ C'est une _____ ville _____.　(moderne)

⑤ C'est une _____ ville _____.　(petite)

⑥ C'est une _____ ville _____.　(agréable)

⑦ C'est une _____ ville _____.　(vieille)

B. 以下の日本語をフランス語で書いてみましょう。**Traduisez en français.**

① A：札幌を知っていますか？ (vous)
　B：はい、北海道にある大都市です。

② A：レンヌ（Rennes）を知っていますか？ (tu)
　B：いいえ、知りません。それはフランスにあるのですか？

③ ニース（Nice）は、南仏のイタリアの近くにある古い街です。

3. 練習問題 （ポイント２）　　　　　　　　　　　　　**Exercices (Point 2)**

以下の日本語をフランス語で書いてみましょう。**Traduisez en français.**

① A：私は新潟出身です。知っていますか？ (tu)
　B：いいえ。ここから遠いですか？

② 東京からパリまでは、飛行機で 11 時間半かかります。長いです！

③ あなたの家からここまではどのくらい時間がかかりますか？ (tu)

④ 私はマルセイユ（Marseille）に行ってみたいです。パリからマルセイユまでは TGV でどのくらい時間がかかりますか？

Leçon 17　天候について話す
Parler du temps

⇒教科書 pp.76 – 79

Demandez à vos camarades s'ils aiment l'été, et pourquoi. Puis demandez-leur quelle est leur saison préférée et quelle est leur ville préférée au Japon.

1. アンケート　Enquête

(1) クラスメイトに「夏が好きか（**Est-ce que tu aimes l'été ? / Tu aimes l'été ?**）」を聞いてみましょう。

(2) 次に、その理由（**Pourquoi ?**）を聞いてみましょう。

(3) また、「一番好きな季節はどれか（**Quelle est ta saison préférée ?**）」も聞いてみてください。

(4) 最後に、「日本で一番好きな街はどれか（**Quelle est ta ville préférée au Japon ?**）」を聞いてみましょう。

■ 質問文と答えの例　Questions

A : **Est-ce que tu aimes l'été ?**
B : Oui, j'aime bien l'été. / Non, je n'aime pas l'été.

A : **Pourquoi ?**
B : Parce que j'aime quand il fait chaud. / Parce qu'il fait trop chaud et humide en été.

A : **Quelle est ta saison préférée ?**
B : Ma saison préférée, c'est l'hiver.

A : **Quelle est ta ville préférée au Japon ?**
B : C'est Kobe.

■ 語彙　Vocabulaire

季節 Saisons

1. le printemps	春
2. l'été	夏
3. l'automne	秋
4. l'hiver	冬

Il fait...

1. chaud	暑い	5. bon	気持ちがいい
2. froid	寒い	6. doux	温暖な
3. humide	湿気が多い		
4. sec	乾燥した		

※もし言いたい単語がなければ、www.moije-multimedia.com もしくは辞書で調べるか、先生に聞いてみましょう。

■ アンケート表　Formulaire

	名前 nom	夏が好き？ Tu aimes l'été ?	なぜ？ Pourquoi ?	好きな季節 saison préférée	日本で好きな街 ville préférée au Japon
例	Taro	Non	Il fait trop chaud.	l'hiver	Kobe
1人目					
2人目					
3人目					
4人目					

2. 練習問題 （ポイント１）　　　　　　　　　　　　　　　　　Exercices (Point 1)

A. 空欄に「quel」か「quelle」のどちらか適切な方を書き込みましょう。　« Quel » ou « Quelle » ?

① Il fait _____ temps à Paris ?

② _____ est ta saison préférée ?

③ _____ est votre ville préférée en France ?

④ _____ est ton quartier préféré à Tokyo ？　＊quartier（男性）：（街の）地域

B. 空欄に「en, au, le」の中からどれか適切なものを書き込みましょう。Choisissez entre "en", "au" et "le".

① J'aime _____ printemps. Il fait beau _____ printemps.

② Moi, ma saison préférée c'est _____ été.

③ _____ hiver, il fait froid.

④ Votre saison préférée, c'est _____ automne ?

⑤ Je n'aime pas beaucoup _____ hiver. Je préfère _____ printemps.

C. 以下の日本語をフランス語で書いてみましょう。Traduisez en français.

① ふつう、フランスでは８月はどんな天気ですか？

② 日本では、夏は暑くて湿気が多いです。

③ 日本では、春はよく雨が降りますが、寒くはありません。

3. 練習問題 （ポイント２）　　　　　　　　　　　　　　　　　Exercices (Point 2)

以下の日本語をフランス語で書いてみましょう。Traduisez en français.

① アメリカであなたが１番好きな街はどれですか？ (tu)

② 私がフランスで１番好きな街はニーム（Nîmes）　です。南にあります。

③ スキーをするのが好きなので、私の１番好きな季節は冬です。

Leçon 18

過去について話す
Parler du passé

⇒教科書 pp.80 – 83

Demandez à vos camarades s'ils faisaient de la musique quand ils étaient au collège. S'ils répondent oui, demandez-leur s'ils en font encore. S'ils répondent non, demandez-leur s'ils en font maintenant. Puis posez-leur les mêmes questions à propos de leur pratique éventuelle d'un sport au lycée.

1. アンケート　Enquête

(1) クラスメイトに「中学の時音楽をしていたか（**Est-ce que tu faisais de la musique quand tu étais au collège ? / Tu faisais de la musique quand tu étais au collège ?**）」を聞いてみましょう。<u>はい</u>の場合は、何の音楽をしていたかも答えましょう。

- (1)の答えが<u>はい</u>の場合、続けて「それを今もしているか（**Tu en fais encore ?**）」を聞いてみましょう。

- (1)の答えが<u>いいえ</u>の場合、続けて「今はそれをしているか（**Et maintenant, tu en fais ?**）」を聞いてみましょう。もしている場合は、何をしているかも答えましょう。

(2) 同様に、スポーツ（高校の時）についても聞いてみましょう。

■ 質問文と答えの例　Questions

A : **Est-ce que tu faisais de la musique quand tu étais au collège ?**
B : Oui, je faisais du piano. / Non, je ne faisais pas de musique.

A : **Tu en fais encore ?**
B : Oui, j'en fais encore. / Non, je n'en fais plus.

A : **Et maintenant, tu en fais ?**
B : Oui, je fais de la guitare maintenant. / Non, je n'en fais pas.

■ 語彙　Vocabulaire

Je faisais...

1. du piano	ピアノ	5. du basketball	バスケットボール
2. de la guitare	ギター	6. du volley	バレーボール
3. du violon	バイオリン	7. de la calligraphie	書道
4. de la natation	水泳	8. du théâtre	演劇

※もし言いたい単語がなければ、www.moije-multimedia.com もしくは辞書で調べるか、先生に聞いてみましょう。

■ アンケート表　Formulaire

	名前 nom	音楽・中学の時 musique / au collège	今は？ Et maintenant ?	スポーツ・高校の時 sport / au lycée	今は？ Et maintenant ?
例	Taro	Oui / piano	Non	Non	Oui / tennis
1人目					
2人目					
3人目					
4人目					

2. 練習問題 （ポイント 1）　　　　　　　　　　　　　　　　　Exercices (Point 1)

A. 動詞 **faire** の半過去形と現在形を、それぞれ適切な形に活用させましょう。Écrivez le verbe *faire* à l'imparfait puis au présent.

① Avant, je _____ de la danse mais maintenant je _____ du yoga.

② Avant, il _____ du piano mais maintenant il _____ de la guitare.

③ Avant, nous _____ du basketball mais maintenant nous _____du ping-pong.

④ Avant, elles _____ de la peinture mais maintenant elles _____ de la poterie.

B. 下線部の表現を **EN** に書き換えた文を作ってみましょう。**Remplacez par le pronom EN.**

① Je ne fais plus de sport.　　　　_____

② Je fais de la musique.　　　　_____

③ Vous faites souvent du jogging ?　　　_____

④ Il fait encore de la guitare !　　　_____

C. 以下の日本語をフランス語で書いてみましょう。**Traduisez en français.**

① 高校の時スポーツをしていましたか？ (vous)

② 私は、中学の時水泳をしていました。

③ スポーツはしませんが、音楽はしています。それが大好きです！

3. 練習問題 （ポイント 2）　　　　　　　　　　　　　　　　　Exercices (Point 2)

以下の日本語をフランス語で書いてみましょう。**Traduisez en français.**

① A：私は、まだ野球をしています。あなたは？ (tu)
　 B：私は、もうそれ（＝野球）をしていません！

② A：まだ陸上競技をしていますか？ (tu)
　 B：いいえ、やめました。今は、水中競技(de l'aquagym)をしています。

会話用紙　Formulaire de dialogue

クラスメイトと一緒にオリジナルの会話文を書いてみましょう。
教科書の各課のモデル文や「リスニング」練習の会話を参考にして、自分の実生活に基づいた会話文にしてください。

Écrivez avec un camarade un dialogue personnalisé qui parle de vos vraies vies. Vous pouvez bien sûr vous inspirer des modèles du manuel, notamment des dialogues des Exercices d'écoute.

Nanami :	Bonjour , Ippei .
Ippei :	Bonjour . J'ai cours de science aujourd'hui . Qu'est-ce que tu as comme cours ?
Nanami :	J'ai cours de maths . J'aime bien ça .
Ippei :	Pourquoi ?
Nanami :	Parce que c'est intéressant .
Ippei :	Moi , Je préfère l'anglais . Le prof d'anglais , Il est gentil .
Nanami :	C'est vrai . Mais Je le trouve ennuyeux .

※作文する際の注意点：「:」「,」「.」「!」「?」といった記号を書くときには、その後ろにスペースを入れましょう。

_____ : _____

_____ : _____

会話用紙　Formulaire de dialogue

会話用紙　Formulaire de dialogue

会話用紙　Formulaire de dialogue

会話用紙　Formulaire de dialogue

会話用紙　Formulaire de dialogue

会話用紙　Formulaire de dialogue

会話用紙　Formulaire de dialogue

会話用紙　Formulaire de dialogue

会話用紙　Formulaire de dialogue

会話用紙　Formulaire de dialogue

会話用紙　Formulaire de dialogue

会話用紙　Formulaire de dialogue

会話用紙　Formulaire de dialogue

会話用紙　Formulaire de dialogue

会話用紙　Formulaire de dialogue

会話用紙　Formulaire de dialogue

会話用紙　Formulaire de dialogue

Les fiches récapitulatives

Les fiches récapitulatives résument tout le contenu fondamental d'une leçon : verbe(s), vocabulaire et phrases de base.

Version multimédia

Tous ces contenus existent également sur le site multimédia de « Moi, je... Communication », sous forme de listes interactives qui permettent d'écouter la prononciation, d'utiliser des flashcards et de se tester.

Vous pouvez y accéder en tapant l'URL moije-multimedia.com ou en flashant avec votre smartphone les codes Q-R qui se trouvent dans les fiches récapitulatives.

「まとめシート」について

この「まとめシート」には、各課の動詞、語彙、基本構文の一覧表が載っています。復習などをする際に非常に便利です。

専用のオンライン練習問題

まとめシートと同じ内容を、ウェブサイトのオンライン練習問題（www.moije-multimedia.com）で練習することもできます。発音を聞いたり、フラッシュカードで確認したり、ミニテストをしたりすることができます。

スマートフォン等をお持ちの場合は、各まとめシートの QR コードを読み取ることですぐにウェブサイトを開くことができますので、ぜひご利用下さい。

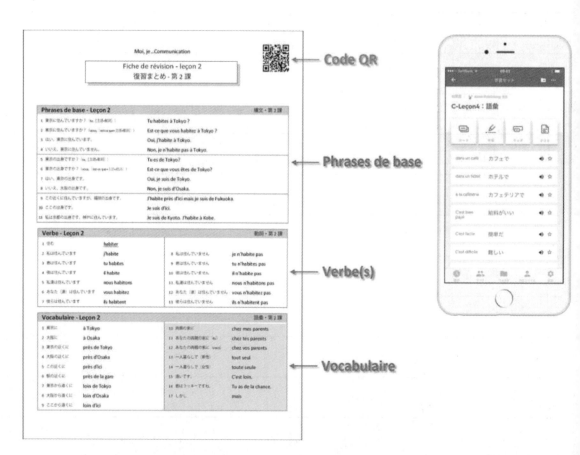

Code QR

Phrases de base

Verbe(s)

Vocabulaire

Pour les professeurs : Les tests de vocabulaire

Les feuilles de tests sont identiques aux fiches récapitulatives, mais sans le français.

→ Voir : page 78 de ce livret

教員の方へ：「確認テスト」について

「確認テスト」で扱っている内容項目は「まとめシート」と全く同じですが、フランス語部分が空欄になっておりますので、各課の語彙や重要表現等の確認のテストとしてお使いいただけます。

→ 78 ページ参照

Fiche de révision - leçon 1
まとめシート - 第1課

Phrases de base - Leçon 1　　　　　　　　　　　　　構文・第1課

1	日本人（男）ですか？ (tu,［主語+動詞］)	Tu es japonais ?
2	日本人（女）ですか？ (vous,［est-ce que+主語+動詞］)	Est-ce que vous êtes japonaise ?
3	はい、日本人（男）です。	- Oui, je suis japonais.
4	はい、日本人（女）です。	- Oui, je suis japonaise.
5	私もです。（3・4の続きで肯定文に対して）	→ <u>Moi aussi</u>.
6	私は、フランス人（男）です。	→ <u>Moi</u>, je suis français.
7	いいえ、日本人（男）ではありません。	- Non, je ne suis pas japonais.
8	いいえ、日本人（女）ではありません。	- Non, je ne suis pas japonaise.
9	私もです。（7・8の続きで否定文に対して）	→ <u>Moi non plus</u>.
10	私は、日本人（男）です。	→ <u>Moi</u>, je suis japonais.
11	社会学部ですか？ (tu,［主語+動詞］)	Tu es en sociologie ?
12	1年生ですか？ (tu,［主語+動詞］)	Tu es en première année ?

Verbe - Leçon 1　　　　　動詞・第1課

1	～です（英語の be）	<u>être</u>
2	私は～です	je suis
3	君は～です	tu es
4	彼は～です	il est
5	私達は～です	nous sommes
6	あなた（達）は～です	vous êtes
7	彼らは～です	ils sont

Vocabulaire - Leçon 1　　　　　　　　　　　　　　語彙・第1課

1	日本人（男）	japonais	12	私の名前は～	Je m'appelle
2	日本人（女）	japonaise	13	はじめまして。（男）	Enchanté.
3	フランス人（男）	français	14	はじめまして。（女）	Enchantée.
4	フランス人（女）	française	15	そうですか。	Ah bon.
5	結婚している（男）	marié	16	大学生（男）	étudiant
6	結婚している（女）	mariée	17	大学生（女）	étudiante
7	独身である（男女同形）	célibataire	18	ここで（に）	ici
8	ねえ、（教えて）(tu)	Dis-moi, ...	19	1年生（に）	en première année
9	ねえ、（教えて）(vous)	Dites-moi, ...	20	2年生（に）	en deuxième année
10	あなたは？(tu)	Et toi?	21	3年生（に）	en troisième année
11	あなたは？(vous)	Et vous?	22	4年生（に）	en quatrième année

Fiche de révision - leçon 2
まとめシート - 第 2 課

Phrases de base - Leçon 2 構文・第 2 課

1	東京に住んでいますか？ (tu, [主語+動詞])	Tu habites à Tokyo ?
2	東京に住んでいますか？ (vous, [est-ce que+主語+動詞])	Est-ce que vous habitez à Tokyo ?
3	はい、東京に住んでいます。	Oui, j'habite à Tokyo.
4	いいえ、東京に住んでいません。	Non, je n'habite pas à Tokyo.
5	東京の出身ですか？ (tu, [主語+動詞])	Tu es de Tokyo?
6	東京の出身ですか？ (vous, [est-ce que+主語+動詞])	Est-ce que vous êtes de Tokyo?
7	はい、東京の出身です。	Oui, je suis de Tokyo.
8	いいえ、大阪の出身です。	Non, je suis d'Osaka.
9	この近くに住んでいますが、福岡の出身です。	J'habite près d'ici mais je suis de Fukuoka.
10	ここの出身です。	Je suis d'ici.
11	私は京都の出身です。神戸に住んでいます。	Je suis de Kyoto. J'habite à Kobe.

Verbe - Leçon 2 動詞・第 2 課

1	住む	habiter			
2	私は住んでいます	j'habite	8	私は住んでいません	je n'habite pas
3	君は住んでいます	tu habites	9	君は住んでいません	tu n'habites pas
4	彼は住んでいます	il habite	10	彼は住んでいません	il n'habite pas
5	私達は住んでいます	nous habitons	11	私達は住んでいません	nous n'habitons pas
6	あなた（達）は住んでいます	vous habitez	12	あなた（達）は住んでいません	vous n'habitez pas
7	彼らは住んでいます	ils habitent	13	彼らは住んでいません	ils n'habitent pas

Vocabulaire - Leçon 2 語彙・第 2 課

1	東京に	à Tokyo	10	両親の家に	chez mes parents
2	大阪に	à Osaka	11	あなたの両親の家に（tu）	chez tes parents
3	東京の近くに	près de Tokyo	12	あなたの両親の家に（vous）	chez vos parents
4	大阪の近くに	près d'Osaka	13	一人暮らしで（男性）	tout seul
5	この近くに	près d'ici	14	一人暮らしで（女性）	toute seule
6	駅の近くに	près de la gare	15	遠いです。	C'est loin.
7	東京から遠くに	loin de Tokyo	16	君はラッキーですね。	Tu as de la chance.
8	大阪から遠くに	loin d'Osaka	17	しかし	mais
9	ここから遠くに	loin d'ici			

Fiche de révision - leçon 3
まとめシート - 第 3 課

Phrases de base - Leçon 3   構文・第 3 課

1 大阪に住んでいますか？ (tu,［主語+動詞］)	Tu habites à Osaka ?
2 大阪に住んでいますか？ (tu,［est-ce que+主語+動詞］)	<u>Est-ce que</u> tu habites à Osaka ?
3 札幌の出身ですか？ (tu,［主語+動詞］)	Tu es de Sapporo?
4 札幌の出身ですか？ (tu,［est-ce que+主語+動詞］)	<u>Est-ce que</u> tu es de Sapporo?
5 社会学部ですか？ (tu,［主語+動詞］)	Tu es en sociologie?
6 社会学部ですか？ (tu,［est-ce que+主語+動詞］)	<u>Est-ce que</u> tu es en sociologie?
7 1 年生ですか？ (tu,［主語+動詞］)	Tu es en première année?
8 1 年生ですか？ (tu,［est-ce que+主語+動詞］)	<u>Est-ce que</u> tu es en première année?
9 ここに電車で来ますか？ (tu,［主語+動詞］)	Tu viens ici en train?
10 ここに電車で来ますか？ (tu,［est-ce que+主語+動詞］)	<u>Est-ce que</u> tu viens ici en train?
11 どこに住んでいますか？ (tu,［主語+動詞+疑問詞］)	Tu habites où ?
12 どこに住んでいますか？ (tu,［疑問詞+est-ce que+主語+動詞］)	Où <u>est-ce que</u> tu habites ?
13 どこの出身ですか？ (tu,［主語+動詞+疑問詞］)	Tu es d'où?
14 どこの出身ですか？ (tu,［疑問詞+est-ce que+主語+動詞］)	D'où <u>est-ce que</u> tu es?
15 何年生ですか？ (tu,［主語+動詞+疑問詞］)	Tu es en quelle année?
16 何年生ですか？ (tu,［疑問詞+est-ce que+主語+動詞］)	En quelle année <u>est-ce que</u> tu es?
17 何学部ですか？ (tu,［主語+動詞+疑問詞］)	Tu es en quelle faculté?
18 何学部ですか？ (tu,［疑問詞+est-ce que+主語+動詞］)	En quelle faculté <u>est-ce que</u> tu es?
19 ここにどうやって来ますか？ (tu,［主語+動詞+疑問詞］)	Tu viens ici comment ?
20 ここにどうやって来ますか？ (tu,［疑問詞+est-ce que+主語+動詞］)	Comment <u>est-ce que</u> tu viens ici?
21 ここには電車と地下鉄とバスで来ます。	Je viens ici en train, en métro et en bus.
22 ここには自転車かバスで来ます。	Je viens ici en vélo ou en bus.

Verbe - Leçon 3   動詞・第 3 課

1 来る	<u>venir</u>
2 私は来ます	je viens
3 君は来ます	tu viens
4 彼は来ます	il vient
5 私達は来ます	nous venons
6 あなた（達）は来ます	vous venez
7 彼らは来ます	ils viennent

Vocabulaire - Leçon 3   語彙・第 3 課

1 どこに	où		8 電車で	en train
2 どこから	d'où		9 地下鉄で	en métro
3 何年生に	en quelle année		10 バスで	en bus
4 どの学部に	en quelle faculté		11 自動車で	en voiture
5 どうやって	comment		12 原付バイクで	en scooter
6 そして	et		13 自転車で	en vélo
7 あるいは	ou		14 歩いて	à pied

Fiche de révision - leçon 4
まとめシート - 第 4 課

Phrases de base - Leçon 4 — 構文・第4課

1 働いていますか？（tu,［主語+動詞］）— Tu travailles ?
2 働いていますか？（vous,［est-ce que+主語+動詞］）— Est-ce que vous travaillez ?
3 はい、カフェで働いています。 — - Oui, je travaille dans un café.
4 はい、（ここの）カフェテリアで働いています。 — - Oui, je travaille à la cafétéria.
5 いいえ、働いていません。 — - Non, je ne travaille pas.
6 それはどうですか？ — C'est comment ?
7 それは面白いです。 — - C'est intéressant.
8 それは面白くないです。 — - Ce n'est pas intéressant.
9 アルバイトをしたいですか？（tu,［主語+動詞］）— Tu aimerais travailler ?
10 どこでアルバイトをしたいですか？（tu,［主語+動詞+疑問詞］）— Tu aimerais travailler où ?
11 私はカフェでアルバイトをしたいです。 — J'aimerais travailler dans un café.
12 それは面白いし、給料がいいです。 — C'est intéressant et bien payé.
13 給料はいいですが、疲れます。 — C'est bien payé mais c'est fatigant.
14 それはいいですか？ — C'est bien ?

Verbe - Leçon 4 — 動詞・第4課

1 働く・アルバイトする — travailler
2 私は働きます — je travaille
3 君は働きます — tu travailles
4 彼は働きます — il travaille
5 私達は働きます — nous travaillons
6 あなた（達）は働きます — vous travaillez
7 彼らは働きます — ils travaillent
8 私は〜したい — j'aimerais
9 君は〜したい — tu aimerais
10 あなた（達）は〜したい — vous aimeriez
11 私は〜したくありません — je ne veux pas
12 君は〜したくありません — tu ne veux pas
13 あなた（達）は〜したくありません — vous ne voulez pas

Vocabulaire - Leçon 4 — 語彙・第4課

1 カフェで — dans un café
2 ホテルで — dans un hôtel
3 カフェテリアで — à la cafétéria
4 給料がいい。 — C'est bien payé.
5 簡単です。 — C'est facile.
6 難しいです。 — C'est difficile.
7 面白いです — C'est intéressant.
8 疲れます。 — C'est fatigant.
9 なぜ？ — Pourquoi ?
10 なぜなら — parce que
11 時間がありません。 — Je n'ai pas le temps.
12 それはきっと面白いです。 — Ça doit être intéressant.
13 レストランで — dans un restaurant
14 お店で — dans un magasin
15 コンビニで — dans une supérette
16 塾で — dans une école du soir
17 図書館で — à la bibliothèque
18 家庭教師をしています。 — Je donne des cours particuliers.

Fiche de révision - leçon 5
まとめシート - 第 5 課

Phrases de base - Leçon 5　　　　　　　　　　　　　　　　　　構文・第 5 課

1	犬を飼っていますか？（tu,［est-ce que+主語+動詞］）	Est-ce que tu as un chien ?
2	犬を飼っていますか？（vous［est-ce que+主語+動詞］）	Est-ce que vous avez un chien ?
3	はい、犬を飼っています。	- Oui, j'ai un chien.
4	いいえ、犬を飼っていません。	- Non, je n'ai pas <u>de</u> chien.
5	ペットを飼いたいですか？（tu,［est-ce que+主語+動詞］）	Est-ce que tu aimerais avoir un animal?
6	はい、犬を飼いたいです。	- Oui, j'aimerais avoir un chien.
7	いいえ、ペットを飼いたくありません。	- Non, je ne veux pas avoir <u>d'</u>animal.
8	どんな犬を飼っていますか？（tu）	<u>Qu'est-ce que</u> tu as <u>comme</u> chien ?
9	どんな犬が欲しいですか？（tu）	<u>Qu'est-ce que</u> tu aimerais avoir <u>comme</u> chien ?
10	どんなパソコンが欲しいですか？（vous）	<u>Qu'est-ce que</u> vous aimeriez avoir <u>comme</u> ordinateur ?

Verbe - Leçon 5　　　　　　　　　　　　　　　　　　　　　　動詞・第 5 課

1	持つ・飼う（英語の have）	<u>avoir</u>	8	私は〜が欲しいです	j'aimerais avoir
2	私は持っています	j'ai	9	君は〜が欲しいです	tu aimerais avoir
3	君は持っています	tu as	10	あなた（達）は〜が欲しいです	vous aimeriez avoir
4	彼は持っています	il a			
5	私達は持っています	nous avons	11	私は〜が欲しくありません	je ne veux pas avoir
6	あなた（達）は持っています	vous avez	12	君は〜が欲しくありません	tu ne veux pas avoir
7	彼らは持っています	ils ont	13	あなた（達）は〜が欲しくありません	vous ne voulez pas avoir

---

Vocabulaire - Leçon 5　　　　　　　　　　　　　　　　　　　　語彙・第 5 課

1	犬	un chien	12	かわいいです。（男）	Il est mignon.
2	自転車	un vélo	13	かわいいです。（女）	Elle est mignonne.
3	車	une voiture	14	メスです。	C'est une femelle.
4	パソコン	un ordinateur	15	オスです。	C'est un mâle.
5	ペット	un animal	16	名前は何ですか？（男）	Il s'appelle comment ?
6	スクーター	un scooter	17	名前は何ですか？（女）	Elle s'appelle comment ?
7	携帯電話	un téléphone portable	18	禁止です。	C'est interdit.
8	兄弟姉妹	des frères et sœurs	19	実は	En fait,
9	子ども	des enfants	20	多分	peut-être
10	ガールフレンド	une petite amie	21	犬が好きです。	J'aime les chiens.
11	ボーイフレンド	un petit ami	22	犬が好きではありません。	Je n'aime pas les chiens.

Fiche de révision - leçon 6
まとめシート - 第 6 課

Phrases de base - Leçon 6　　　　　　　　　　　　　　　　　　　　　　　構文・第 6 課

1	数学は好きですか？（tu, ［est-ce que+主語+動詞］）	Est-ce que tu aimes <u>les maths</u> ?
2	はい、それが好きです。	- Oui, j'aime bien <u>ça</u>.
3	数学の先生（男）は好きですか？（tu, ［est-ce que+主語+動詞］）	Est-ce que tu aimes bien <u>le prof de maths</u> ?
4	はい、彼/彼女が好きです。	- Oui, je <u>l</u>'aime bien.
5	数学は好きではありません。つまらないです。	Je n'aime pas les maths. C'est ennuyeux.
6	経済学の先生（女）が好きです。彼女は面白いです。	J'aime bien la prof d'économie. Elle est intéressante.

Verbe - Leçon 6　　　　　　　　　　　　　　　　　　　　　　　　　　　動詞・第 6 課

1	好き	<u>aimer</u>	8	～の方が好き	<u>préférer</u>
2	私は好きです	j'aime	9	私は～の方が好きです	je préfère
3	君は好きです	tu aimes	10	君は～の方が好きです	tu préfères
4	彼は好きです	il aime	11	彼は～の方が好きです	il préfère
5	私達は好きです	nous aimons	12	私達は～の方が好きです	nous préférons
6	あなた（達）は好きです	vous aimez	13	あなた（達）は～の方が好きです	vous préférez
7	彼らは好きです	ils aiment	14	彼らは～の方が好きです	ils préfèrent

Vocabulaire - Leçon 6　　　　　　　　　　　　　　　　　　　　　　　　語彙・第 6 課

1	私は～が大好きだ	J'aime beaucoup	21	面白い（男性形）	intéressant
2	私は～が好きだ	J'aime	22	面白い（女性形）	intéressante
3	私は～が好きだ	J'aime bien	23	退屈な（男性形）	ennuyeux
4	私は～があまり好きではない	Je n'aime pas beaucoup	24	退屈な（女性形）	ennuyeuse
5	私は～が好きではない	Je n'aime pas	25	厳しい（男女同形）	sévère
6	私は～の方が好きだ	Je préfère	26	優しい（男性形）	gentil
7	フランス語	le français	27	優しい（女性形）	gentille
8	社会学	la sociologie	28	きれい・かっこいい（男性形）	beau
9	英語	l'anglais	29	きれい・かっこいい（女性形）	belle
10	数学	les maths	30	こんにちは。（英語の Hi）	Salut.
11	（私達の・ここの）先生（男性）	le prof	31	～の授業があります。	J'ai cours de ～
12	（私達の・ここの）先生（女性）	la prof	32	今日	aujourd'hui
13	（私達の）フランス語の先生（男性）	le prof de français	33	～は全然好きではありません。	Je n'aime pas du tout ～
14	（私達の）社会学の先生（男性）	le prof de sociologie	34	私は彼が～だと思います。	Je le trouve ～
15	（私達の）英語の先生（男性）	le prof d'anglais	35	私は彼女が～だと思います。	Je la trouve ～
16	（私達の）数学の先生（男性）	le prof de maths	36	そして／それで	Et
17	簡単な（男女同形）	facile	37	本当ですね。	C'est vrai.
18	難しい（男女同形）	difficile	38	とても	très
19	役に立つ（男女同形）	utile	39	～すぎる	trop
20	感じがいい（男女同形）	sympa			

Fiche de révision - leçon 7
まとめシート - 第7課

Phrases de base - Leçon 7 　　　　　　　　　　　　　　　　　構文・第7課

1	朝は何を食べますか？（tu，[qu'est-ce que+主語+動詞]）	Qu'est-ce que tu manges le matin ?
2	朝は何を食べますか？（vous，[qu'est-ce que+主語+動詞]）	Qu'est-ce que vous mangez le matin ?
3	パンを食べます。	- Je mange du pain.
4	サンドイッチを食べます。	- Je mange un sandwich.
5	朝は何を飲みますか？（tu，[qu'est-ce que+主語+動詞]）	Qu'est-ce que tu bois le matin ?
6	コーヒーを飲みます。	- Je bois du café.
7	ご飯を食べます。ご飯が好きです。	Je mange du riz. J'aime le riz.
8	クロワッサンを食べます。クロワッサンが好きです。	Je mange un croissant. J'aime les croissants.
9	ご飯を食べません。ご飯は好きではありません。	Je ne mange pas de riz. Je n'aime pas le riz.
10	クロワッサンを食べません。クロワッサンは好きではありません。	Je ne mange pas de croissants. Je n'aime pas les croissants.
11	どんなお茶を飲みますか？（tu）	Qu'est-ce que vous buvez comme thé ?
12	コーヒーは飲みますか？（tu，[est-ce que+主語+動詞]）	Est-ce que tu bois du café ?
13	コーヒーは好きですか？（tu，[est-ce que+主語+動詞]）	Est-ce que tu aimes le café ?

Verbe - Leçon 7 　　　　　　　　　　　　　　　　　　　　　　動詞・第7課

1	食べる	manger	8	飲む	boire
2	私は食べます	je mange	9	私は飲みます	je bois
3	君は食べます	tu manges	10	君は飲みます	tu bois
4	彼は食べます	il mange	11	彼は飲みます	il boit
5	私達は食べます	nous mangeons	12	私達は飲みます	nous buvons
6	あなた（達）は食べます	vous mangez	13	あなた（達）は飲みます	vous buvez
7	彼らは食べます	ils mangent	14	彼らは飲みます	ils boivent

Vocabulaire - Leçon 7 　　　　　　　　　　　　　　　　　　　語彙・第7課

1	パン	du pain	14	～が塗ってあるパン	du pain avec ~
2	ご飯	du riz	15	バター	du beurre
3	コーヒー	du café	16	ジャム	de la confiture
4	サラダ	de la salade	17	チョコレートペースト	du chocolat
5	味噌汁	de la soupe de miso	18	チーズ	du fromage
6	水	de l'eau	19	お茶	du thé
7	サンドイッチ	un sandwich	20	緑茶	du thé vert
8	クロワッサン	un croissant	21	紅茶	du thé anglais
9	おにぎり	un onigiri	22	牛乳	du lait
10	りんご	une pomme	23	オレンジジュース	du jus d'orange
11	シリアル	des céréales	24	魚	du poisson
12	普段は	En général,	25	納豆	du natto
13	それは体にいいです。	C'est bon pour la santé.	26	ヨーグルト	un yaourt

Fiche de révision - leçon 8
まとめシート - 第 8 課

Phrases de base - Leçon 8　　　　　　　　　　構文・第 8 課

1	君の家では誰が料理をしますか？（tu,［疑問詞+est-ce qui+主語+動詞］）	Qui est-ce qui fait la cuisine chez toi ?
2	あなたの家では誰が掃除をしますか？（vous,［疑問詞+動詞］）	Qui fait le ménage chez vous ?
3	私の母です。	- C'est ma mère.
4	私の父です。	- C'est mon père.
5	私です。	- C'est moi.
6	私の両親です。	- Ce sont mes parents.
7	料理をするのは私です。	C'est moi qui fais la cuisine.
8	掃除をするのはあなた（tu）ですか？	C'est toi qui fais le ménage?
9	掃除をするのはあなた（vous）ですか？	C'est vous qui faites le ménage ?
10	買い物をするのは私の母です。	C'est ma mère qui fait les courses.
11	料理をするのは私の両親です。	Ce sont mes parents qui font la cuisine.
12	私（男）は一人暮らしをしています。	J'habite tout seul.
13	私（女）は一人暮らしをしています。	J'habite toute seule.
14	私は両親の家に住んでいます。	J'habite chez mes parents.
15	全部私がやります。	C'est moi qui fais tout.
16	私（女）は一人暮らしをしたいです。	J'aimerais bien habiter toute seule.
17	料理をするのはあなた（tu）の父ですか？	C'est ton père qui fait la cuisine ?

Verbe - Leçon 8　　　　動詞・第 8 課

1	する（英語の do）	faire
2	私は～をします	je fais
3	君は～をします	tu fais
4	彼は～をします	il fait
5	私達は～をします	nous faisons
6	あなた（達）は～をします	vous faites
7	彼らは～をします	ils font

Vocabulaire - Leçon 8　　　　　　　　　　語彙・第 8 課

1	料理	la cuisine	14	あなた（達）の父	votre père
2	掃除	le ménage	15	あなた（達）の両親	vos parents
3	買い物	les courses	16	私の妹・姉	ma sœur
4	私の家で（に）	chez moi	17	私の弟・兄	mon frère
5	君の家で（に）	chez toi	18	それは良いです。	C'est bien.
6	あなた（達）の家で（に）	chez vous	19	そうですか。	Ah bon !
7	私の母	ma mère	20	じゃあ・では	alors
8	私の父	mon père	21	少し	un peu
9	私の両親	mes parents	22	一人で（男）	tout seul
10	あなた（tu）の母	ta mère	23	一人で（女）	toute seule
11	あなた（tu）の父	ton père	24	便利な	pratique
12	あなた（tu）の両親	tes parents	25	～したいです	J'aimerais bien ~
13	あなた（達）の母	votre mère	26	全部	tout

Fiche de révision - leçon 9
まとめシート - 第 9 課

Phrases de base - Leçon 9 構文・第 9 課

何歳ですか？ (tu, [主語+動詞])	Tu as quel âge ?
1	

1 何歳ですか？ (tu, [主語+動詞]) — Tu as quel âge ?
2 何歳ですか？ (vous, [主語+動詞]) — Vous avez quel âge ?
3 私は 19 歳です。 — - J'ai dix-neuf ans.
4 あなたの弟は何歳ですか？ (tu, [主語+動詞]) — Ton frère a quel âge ?
5 彼は 16 歳です。 — - Il a seize ans.
6 あなたのお姉さんは何歳ですか？ (tu, [主語+動詞]) — Ta sœur a quel âge ?
7 彼女は 20 歳です。 — - Elle a vingt ans.
8 あなたの兄弟は何歳ですか？ (tu, [主語+動詞]) — Tes frères et sœurs ont quel âge ?
9 弟は 15 歳で、姉は 21 歳です。 — - Mon frère a quinze ans et ma sœur a vingt-et-un ans.
10 あなたの名前は？ (tu, [主語+動詞+疑問詞]) — Tu t'appelles comment ?
11 あなたの名前は？ (vous, [主語+動詞+疑問詞]) — Vous vous appelez comment ?
12 あなたの兄弟の名前は何ですか？ (tu, [主語+動詞+疑問詞]) — Tes frères et sœurs s'appellent comment ?
13 弟の名前はけんじで、姉の名前は、なおです。 — - Mon frère s'appelle Kenji et ma sœur s'appelle Nao.
14 あなたのお兄さん・弟は両親の家に住んでいますか (tu, [est-ce que+主語+動詞]) — Est-ce que ton frère habite chez tes parents ?
15 私には姉がいます。 — J'ai une grande sœur.
16 彼女は東京で一人暮らしをしています。 — Elle habite toute seule à Tokyo.
17 私の母は働いていません。 — Ma mère ne travaille pas.

Verbe - Leçon 9 動詞・第 9 課

1 ～という名前だ — s'appeler
2 私は～という名前です — je m'appelle
3 君は～という名前です — tu t'appelles
4 彼は～という名前です — il s'appelle
5 私達は～という名前です — nous nous appelons
6 あなた（達）は～という名前です — vous vous appelez
7 彼らは～という名前です — ils s'appellent

Vocabulaire - Leçon 9 語彙・第 9 課

1	何歳	quel âge	19	十七	dix-sept
2	～歳	~ans	20	十八	dix-huit
3	一	un	21	十九	dix-neuf
4	二	deux	22	二十	vingt
5	三	trois	23	二十一	vingt-et-un
6	四	quatre	24	二十二	vingt-deux
7	五	cinq	25	三十	trente
8	六	six	26	四十	quarante
9	七	sept	27	五十	cinquante
10	八	huit	28	六十	soixante
11	九	neuf	29	彼は中学生です。	Il est collégien.
12	十	dix	30	彼女は中学生です。	Elle est collégienne.
13	十一	onze	31	彼は高校生です。	Il est lycéen.
14	十二	douze	32	彼女は高校生です。	Elle est lycéenne.
15	十三	treize	33	彼は会社員です。	Il est employé.
16	十四	quatorze	34	彼女は会社員です。	Elle est employée.
17	十五	quinze	35	早稲田大学の学生です。	Je suis étudiant(e) à l'université Waseda.
18	十六	seize	36	京都大学の学生です。	Je suis étudiant(e) à l'Université de Kyoto.

Fiche de révision - leçon 10
まとめシート - 第 10 課

Phrases de base - Leçon 10 — 構文・第 10 課

#		
1	課外活動をしていますか？（tu,［est-ce que+主語+動詞］）	Est-ce que tu fais une activité?
2	課外活動をしていますか？（vous,［est-ce que+主語+動詞］）	Est-ce que vous faites une activité?
3	はい、演劇をしています。	- Oui, je fais du théâtre.
4	はい、楽器を弾いています。	- Oui, je fais de la musique.
5	はい、合気道をしています。	- Oui, je fais de l'aïkido.
6	いいえ、課外活動をしていません。	- Non, je ne fais pas d'activité.
7	私は（この大学の）演劇部のメンバーです。	Je suis membre du club de théâtre.
8	私は（ある）演劇部のメンバーです。	Je suis membre d'un club de théâtre.
9	スポーツをしていますか？（tu,［est-ce que+主語+動詞］）	Est-ce que tu fais du sport?
10	いいえ、（それを）していません。	- Non, je n'en fais pas.
11	どんな課外活動をしていますか？（tu）	Qu'est-ce que tu fais comme activité?
12	テニスをします。テニスが好きです。	Je fais du tennis. J'aime le tennis.
13	ギターをします。ギターが好きです。	Je fais de la guitare. J'aime la guitare.

Verbe - Leçon 10 — 動詞・第 10 課

#		
1	する	faire
2	私は～します	je fais
3	君は～します	tu fais
4	彼は～します	il fait
5	私たちは～します	nous faisons
6	あなた（たち）は～します	vous faites
7	彼らは～します	ils font

Vocabulaire - Leçon 10 — 語彙・第 10 課

#			#		
1	活動をする	faire une activité	12	合唱	la chorale / une chorale
2	スポーツをする	faire du sport	13	オーケストラ	l'orchestre / un orchestre
3	音楽をする	faire de la musique	14	すばらしい	c'est super
4	演劇	du théâtre	15	どんな・何の	qu'est-ce que...comme ~ ?
5	ギター	de la guitare	16	ほとんど	presque
6	合気道	de l'aïkido	17	毎日	tous les jours
7	～のメンバーである	être membre de ~	18	きっと～です	ça doit être
8	（ここの・詳しい）クラブ	le club	19	週に２回	deux fois par semaine
9	（ある）クラブ	un club			
10	サッカー部・サッカークラブ	le / un club de football			
11	合気道部・合気道クラブ	le / un club d'aïkido			

Fiche de révision - leçon 11
まとめシート - 第 11 課

Phrases de base - Leçon 11　　　　　　　　　　　　　　　　構文・第 11 課

1	よく肉を食べますか？（tu,［est-ce que+主語+動詞］）	Est-ce que tu manges souvent de la viande?
2	はい、よく肉を食べます。	- Oui, je mange souvent <u>de la viande</u>.
3	はい、よく食べます。	= Oui, j'<u>en</u> mange souvent.
4	はい、毎日肉を食べます。	- Oui, je mange <u>de la viande</u> tous les jours.
5	はい、毎日食べます。	= Oui, j'<u>en</u> mange tous les jours.
6	いいえ、あまり頻繁に肉を食べません。	- Non, je ne mange pas souvent <u>de viande</u>.
7	いいえ、あまり頻繁に食べません。	= Non, je n'<u>en</u> mange pas souvent.
8	いいえ、肉は全く食べません。	- Non, je ne mange jamais <u>de viande</u>.
9	いいえ、全く食べません。	= Non, je n'<u>en</u> mange jamais.
10	納豆が好きですか？（tu,［est-ce que+主語+動詞］）	Est-ce que tu aimes le natto?
11	はい、納豆が好きです。	- Oui, j'aime <u>le natto</u>.
12	はい、好きです。	= Oui, j'aime <u>ça</u>.
13	いいえ、納豆は好きではありません。	- Non, je n'aime pas <u>le natto</u>.
14	いいえ、それが好きではありません。	= Non, je n'aime pas <u>ça</u>.
15	チョコレートは好きではありませんか？（tu,［主語+動詞］）	Tu n'aimes pas le chocolat?
16	いいえ、チョコレートが好きです。	<u>Si</u>, j'aime le chocolat.
17	はい、チョコレートは好きではありません。	Non, je n'aime pas le chocolat.

Vocabulaire - Leçon 11　　　　　　　　　　　　　　　　　語彙・第 11 課

1	よく・しばしば	souvent	11	納豆（部分冠詞）	du natto
2	毎日	tous les jours	12	納豆（定冠詞）	le natto
3	あまり～ない	pas souvent	13	辛いもの（不定冠詞）	des choses épicées
4	まったく～ない（英語の never）	jamais	14	辛いもの（定冠詞）	les choses épicées
5	魚を食べます。	Je mange du poisson.	15	チョコレート（部分冠詞）	du chocolat
6	魚が好きです。	J'aime le poisson.	16	チョコレート（定冠詞）	le chocolat
7	肉を食べます	Je mange de la viande.	17	ちょっと高いです。	C'est un peu cher.
8	肉が好きです。	J'aime la viande.	18	それが大好きです。	J'adore ça.
9	スパゲッティを食べます。	Je mange des spaghettis.	19	体にいいです。	C'est bon pour la santé.
10	スパゲッティが好きです。	J'aime les spaghettis.	20	その代わり	par contre
			21	～と一緒に	avec

Fiche de révision - leçon 12
まとめシート - 第 12 課

Phrases de base - Leçon 12　　　　　　　　　　　　　　　　　　　構文・第 12 課

1	今週末は働くつもりですか？（tu,［主語+動詞］）	Tu vas travailler ce week-end ?
2	今週末は働くつもりですか？（vous,［est-ce que+主語+動詞］）	Est-ce que vous allez travailler ce week-end ?
3	いいえ、働かないつもりです。	- Non, je ne vais pas travailler.
4	いいえ、東京へ行くつもりです。	- Non, je vais aller à Tokyo.
5	いいえ、海へ行くつもりです。	- Non, je vais aller à la mer.
6	いいえ、映画館に行くつもりです。	- Non, je vais aller <u>au</u> cinéma.
7	早く寝るつもりです。	Je vais me coucher tôt.
8	遅く起きたいです。	J'aimerais bien me lever tard.
9	早く起きなければなりません。	Je dois me lever tôt.
10	日曜日に遅く起きるつもりですか？（tu,［主語+動詞］）	Tu vas te lever tard, dimanche?
11	日曜日に遅く起きるつもりですか？（vous,［主語+動詞］）	Vous allez vous lever tard, dimanche?

Verbe - Leçon 12　　　　　　　　　　　　　　　　　　　　　　　動詞・第 12 課

1	行く	<u>aller</u>	8	寝る	<u>se coucher</u>	15	起きる	<u>se lever</u>
2	私は行きます	je vais	9	私は寝ます	je me couche	16	私は起きます	je me lève
3	君は行きます	tu vas	10	君は寝ます	tu te couches	17	君は起きます	tu te lèves
4	彼は行きます	il va	11	彼は寝ます	il se couche	18	彼は起きます	il se lève
5	私達は行きます	nous allons	12	私達は寝ます	nous nous couchons	19	私達は起きます	nous nous levons
6	あなた（達）は行きます	vous allez	13	あなた（達）は寝ます	vous vous couchez	20	あなた（達）は起きます	vous vous levez
7	彼らは行きます	ils vont	14	彼らは寝ます	ils se couchent	21	彼らは起きます	ils se lèvent

---

Vocabulaire - Leçon 12　　　　　　　　　　　　　　　　　　　　語彙・第 12 課

1	明日	demain	14	遅く	tard
2	今週末	ce week-end	15	早く	tôt
3	（今週の）月曜日	lundi	16	外出する	sortir
4	（今週の）火曜日	mardi	17	掃除をする	faire le ménage
5	（今週の）水曜日	mercredi	18	ここに来る	venir ici
6	（今週の）木曜日	jeudi	19	普段は	en général
7	（今週の）金曜日	vendredi	20	スキーをする	faire du ski
8	（今週の）土曜日	samedi	21	まだ分かりません	Je ne sais pas encore.
9	（今週の）日曜日	dimanche	22	休む	se reposer
10	海	la mer	23	散歩する	se promener
11	映画館	le cinéma	24	疲れている	fatigué(e)
12	美術館	le musée	25	頑張って！	Bon courage!
13	プール	la piscine			

Fiche de révision - leçon 13
まとめシート - 第 13 課

Phrases de base - Leçon 13 　　　　　　　　　　　　　　　　　　　構文・第 13 課

1	何時ですか？	Il est quelle heure?
2	月曜日は何時に起きますか？（tu,［主語+動詞+疑問詞］）	Tu te lèves à quelle heure le lundi?
3	仕事するときは何時に起きますか？（tu,［主語+動詞+疑問詞］）	Tu te lèves à quelle heure quand tu travailles?
4	一限目授業があるときは何時に起きますか？（tu,［主語+動詞+疑問詞］）	Tu te lèves à quelle heure quand tu as cours en première période?
5	一限目授業がないときは何時に起きますか？（vous,［主語+動詞+疑問詞］）	Vous vous levez à quelle heure quand vous n'avez pas cours en première période?

Verbe - Leçon 13 　　　　動詞・第 13 課

1	出発する	partir
2	私は出発します	je pars
3	君は出発します	tu pars
4	彼は出発します	il part
5	私達は出発します	nous partons
6	あなた（達）は出発します	vous partez
7	彼らは出発します	ils partent

Vocabulaire - Leçon 13 　　　　　　　　　　　　　　　　　　　語彙・第 13 課

1	何時	quelle heure	14	授業がある	avoir cours
2	何時ですか？	Il est quelle heure?	15	～のとき	quand
3	5 時です。	Il est cinq heures.	16	（それは）疲れさせる	C'est fatigant.
4	5 時 5 分です。	Il est cinq heures cinq.	17	疲れた	Je suis fatigué(e).
5	5 時 15 分です。	Il est cinq heures et quart.	18	場合によります。	Ça dépend.
6	5 時半です。	Il est cinq heures et demie.	19	早いです。	C'est tôt.
7	5 時 40 分です。(6 時 20 分前)	Il est six heures moins vingt.	20	大体	vers
8	5 時 45 分です。(6 時 15 分前)	Il est six heures moins le quart.	21	朝の～	~du matin
9	5 時 50 分です。(6 時 10 分前)	Il est six heures moins dix.	22	わかった。（OK）	D'accord.
10	5 時 55 分です。(6 時 5 分前)	Il est six heures moins cinq.	23	ところで	à propos
11	何時に	à quelle heure	24	おやおや！いやはや！	Oh là là !
12	（いつもの）月曜日	le lundi	25	遅れている	être en retard
13	（いつもの）週末	le week-end			

Fiche de révision - leçon 14
まとめシート - 第 14 課

Phrases de base - Leçon 14　　　　　　　　　　　　　　　　　　構文・第 14 課

1	休みの間何をしましたか？（tu,［qu'est-ce que+主語+動詞］）	Qu'est-ce que tu as fait pendant les vacances ?
2	この週末は何をしますか？（vous,［qu'est-ce que+主語+動詞］）	Qu'est ce que vous avez fait ce week-end ?
3	アルバイトしました。	- J'ai travaillé.
4	フランスに行きました。	- Je suis allé(e) en France.
5	ゆっくりしました。	- Je me suis reposé(e).
6	アルバイトしませんでした。	Je n'ai pas travaillé.
7	フランスの行きませんでした。	Je ne suis pas allé(e) en France.
8	ゆっくりしませんでした。	Je ne me suis pas reposé(e).
9	どうでしたか？	C'était comment?
10	よかったです。	C'était bien.
11	休みの間アルバイトしましたか？（tu,［est-ce que+主語+動詞］）	Est-ce que tu as travaillé pendant les vacances?

Verbe - Leçon 14　　　　　　　　　　　　　　　　　　　　　　語彙・第 14 課

働く travailler（複合過去）	来る venir（複合過去）	休む se reposer（複合過去）
1 j'ai travaillé	7 je suis venu(e)	13 je me suis reposé(e)
2 tu as travaillé	8 tu es venu(e)	14 tu t'es reposé(e)
3 il a travaillé	9 il est venu	15 il s'est reposé
4 nous avons travaillé	10 nous sommes venu(e)s	16 nous nous sommes reposé(e)s
5 vous avez travaillé	11 vous êtes venu(e)(s)	17 vous vous êtes reposé(e)(s)
6 ils ont travaillé	12 ils sont venus	18 ils se sont reposés

Vocabulaire - Leçon 14　　　　　　　　　　　　　　　　　　　語彙・第 14 課

		不定詞	過去分詞			
1	取る・受ける	passer	passé	11	悪くない	pas mal
2	いる	rester	resté	12	良い	bien
3	帰る	rentrer	rentré	13	素晴らしい	super
4	散歩する	promener	promené	14	ゆっくり休まる	reposant
5	海水浴をする	se baigner	baigné	15	疲れる	fatigant
6	起きる	se lever	levé	16	どこか	quelque part
7	行く	aller	allé	17	それ以外に	à part ça
8	読む・読書する	lire	lu	18	難しい・つらい	dur
9	する	faire	fait	19	あちら（で）・そちら（で）	là-bas
10	出かける	sortir	sorti	20	どれくらいの時間	combien de temps
				21	３週間	trois semaines
				22	もちろん	bien sûr

Fiche de révision - leçon 15
まとめシート - 第 15 課

Phrases de base - Leçon 15 　　　　　　　　　　　構文・第 15 課

1	外国へ行ったことがありますか？（tu,［主語+動詞］）	Tu es déjà allé(e) à l'étranger?
2	はい、フランスに行ったことがあります。	Oui, je suis déjà allé(e) à l'étranger.
3	いいえ、外国に行ったことはありません。	Non, je ne suis jamais allé(e) à l'étranger.
4	エスカルゴを食べたことがありますか？（tu,［主語+動詞］）	Tu as déjà mangé des escargots?
5	はい、エスカルゴを食べたことがあります。	Oui, j'ai déjà mangé des escargots.
6	いいえ、エスカルゴを食べたことがありません。	Non, je n'ai jamais mangé <u>d</u>'escargots.
7	それはいつ？	Quand ça?
8	高校生のときです。	Quand j'étais au lycée.
9	小さいころです。	Quand j'étais petit(e).
10	フランスに行った時です。	Quand je suis allé(e) en France.
11	3 年前です。	Il y a trois ans.
12	それを食べたことがあります。	J'en ai déjà mangé.
13	それを食べたことがありません。	Je n'en ai jamais mangé.

Verbe - Leçon 15 　　　　　　　　　　　動詞・第 15 課

行く　aller（複合過去）

1	私は行ったことがあります	je suis déjà allé(e)
2	君は行ったことがあります	tu es déjà allé(e)
3	彼は行ったことがあります	il est déjà allé
4	私達は行ったことがあります	nous sommes déjà allé(e)s
5	あなた(達)は行ったことがあります	vous êtes déjà allé (e)(s)
6	彼らは行ったことがあります	ils sont déjà allés

食べる　manger（複合過去）

7	私は食べたことがあります	j'ai déjà mangé
8	君は食べたことがあります	tu as déjà mangé
9	彼は食べたことがあります	il a déjà mangé
10	私達は食べたことがあります	nous avons déjà mangé
11	あなた(達)は食べたことがあります	vous avez déjà mangé
12	彼らは食べたことがあります	ils ont déjà mangé

Vocabulaire - Leçon 15 　　　　　　　　　　　語彙・第 15 課

1	すでに	déjà
2	一度もない	jamais
3	いつ・～のとき	quand
4	私は～でした	j'étais
5	小さい頃（男性）	petit
6	小さい頃（女性）	petite
7	高校のとき	au lycée
8	中学校のとき	au collège
9	小学校のとき	à l'école primaire
10	～前（ago）	il y a
11	長い間	longtemps
12	ずいぶん前	il y a longtemps
13	フランスに	en France
14	カナダに	au Canada
15	アメリカ合衆国に	aux États-Unis

16	中国に	en Chine
17	韓国に	en Corée
18	イタリアに	en Italie
19	オーストラリアに	en Australie
20	日本に	au Japon
21	日本を除いては	à part le Japon
22	エスカルゴ	des escargots
23	クジラ	de la baleine
24	フォアグラ	du foie gras
25	ブイヤベース	de la bouillabaisse
26	2 週間前（に）	il y a deux semaines
27	両親と	avec mes parents
28	彼女と	avec ma copine
29	彼氏と	avec mon copain
30	私の誕生日のために	pour mon anniversaire
31	おいしい	bon

Fiche de révision - leçon 16
まとめシート - 第 16 課

Phrases de base - Leçon 16　　　　　　　　　　　　　　構文・第 16 課

1	リールを知っていますか？（tu,［主語+動詞］）	Tu connais Lille?
2	リールを知っていますか？（vous,［est-ce que+主語+動詞］）	Est-ce que vous connaissez Lille?
3	はい、それは大きな街です。	- Oui, c'est une grande ville.
4	はい、それはフランスにあります。	- Oui, c'est en France.
5	はい、それはフランスの北にあります。	- Oui, c'est dans le nord de la France.
6	いいえ、知りません。	- Non, je ne connais pas.
7	仙台からここまでどれぐらい時間がかかりますか？	Ça prend combien de temps de Sendai à ici?

Verbe - Leçon 16　　　動詞・第 16 課

1	知っている・分かる	connaître
2	私は知っています・分かります	je connais
3	君は知っています・分かります	tu connais
4	彼は知っています・分かります	il connaît
5	私達は知っています・分かります	nous connaissons
6	あなた（達）は知っています・分かります	vous connaissez
7	彼らは知っています・分かります	ils connaissent

Vocabulaire - Leçon 16　　　　　　　　　　　　　　　　語彙・第 16 課

1	北部	le nord	17	フランス	la France
2	南部	le sud	18	フランスに	en France
3	東部	l'est	19	日本	le Japon
4	西部	l'ouest	20	日本に	au Japon
5	中心部	le centre	21	スペイン	l'Espagne
6	街	une ville	22	スペインに	en Espagne
7	大きな街	une grande ville	23	アメリカ合衆国	les États-Unis
8	小さな街	une petite ville	24	アメリカ合衆国に	aux États-Unis
9	美しい街	une belle ville	25	中国	la Chine
10	古い街	une vieille ville	26	中国に	en Chine
11	普通の街	une ville moyenne	27	～の南西に	au sud-ouest de ～
12	現代的な街	une ville moderne	28	～がある	il y a ～
13	どれくらいの時間	combien de temps	29	城	un château
14	時間がかかる	ça prend	30	きれいです。	C'est joli.
15	飛行機で	en avion	31	そこに	y
16	TGV で	en TGV			

Fiche de révision - leçon 17
まとめシート - 第 17 課

Phrases de base - Leçon 17　　　　　　　　　　　構文・第 17 課

1	パリでは夏はどんな天気ですか？	Il fait quel temps à Paris en été?
2	いい天気です。	- Il fait beau.
3	いい天気が多いです。	- Il fait <u>souvent</u> beau.
4	雨が降ります。	- Il pleut.
5	よく雨が降ります。	- Il pleut <u>souvent</u>.
6	暑いです。	- Il fait chaud.
7	とても暑いです。	- Il fait <u>très</u> chaud.
8	一番好きな季節はどれですか？(tu)	Quelle est ta saison préférée?
9	一番好きな季節はどれですか？(vous)	Quelle est votre saison préférée?
10	秋です。	- C'est l'automne.
11	私が一番好きな季節は春です。	Ma saison préférée, c'est le printemps.

Vocabulaire - Leçon 17　　　　　　　　　　　　語彙・第 17 課

1	春	le printemps		16	1 月に	en janvier
2	春に	au printemps		17	2 月に	en février
3	夏	l'été		18	3 月に	en mars
4	夏に	en été		19	4 月に	en avril
5	秋	l'automne		20	5 月に	en mai
6	秋に	en automne		21	6 月に	en juin
7	冬	l'hiver		22	7 月に	en juillet
8	冬に	en hiver		23	8 月に	en août
9	晴れている	Il fait beau.		24	9 月に	en septembre
10	暑い。	Il fait chaud.		25	10 月に	en octobre
11	寒い。	Il fait froid.		26	11 月に	en novembre
12	湿気が多い。	Il fait humide.		27	12 月に	en décembre
13	乾燥している。	Il fait sec.		28	向こうで・そちらで	là-bas
14	雨が降っている。	Il pleut.		29	いいですね。	C'est bien.
15	雪が降っている。	Il neige.		30	気持ちのいい天気です。	Il fait bon.
				31	あなたの一番好きな街	ta ville préférée

Fiche de révision - leçon 18
まとめシート - 第 18 課

Phrases de base - Leçon 18 — 構文・第 18 課

1	高校の時スポーツをしていましたか？（tu,［est-ce que+主語+動詞］）	Est-ce que tu faisais du sport quand tu étais au lycée?
2	中学の時スポーツをしていましたか？（vous,［est-ce que+主語+動詞］）	Est-ce que vous faisiez du sport quand vous étiez au collège?
3	はい、スポーツをしていました。	- Oui, je faisais du sport.
4	いいえ、スポーツをしていませんでした。	- Non, je ne faisais pas de sport.
5	私はまだ野球をしています。	Je fais encore du baseball.
6	私はまだそれをしています。	= J'en fais encore.
7	私はもう野球をしていません	Je ne fais plus de baseball.
8	私はもうそれをしていません。	= Je n'en fais plus.
9	私は野球をやめました。	J'ai arrêté le baseball.
10	私は（それを）やめました。	J'ai arrêté.

Verbe - Leçon 18 — 動詞・第 18 課

	～です（英語の be）	être（半過去）		する（英語の do）	faire（半過去）
1	私は～でした	j'étais	7	私は～をしていました	je faisais
2	君は～でした	tu étais	8	君は～をしていました	tu faisais
3	彼は～でした	il était	9	彼は～をしていました	il faisait
4	私達は～でした	nous étions	10	私達は～をしていました	nous faisions
5	あなた（達）は～でした	vous étiez	11	あなた（達）は～をしていました	vous faisiez
6	彼らは～でした	ils étaient	12	彼らは～をしていました	ils faisaient

Vocabulaire - Leçon 18 — 語彙・第 18 課

1	まだ	encore	13	残念です。	C'est dommage.
2	もう～ない	ne... plus...	14	あなた(tu)～できる（英語の you could）	tu pourrais
3	やめる	arrêter	15	テニスを始めました。	J'ai commencé le tennis.
4	今	maintenant	16	ピアノをやめました。	J'ai arrêté le piano.
5	高校	le lycée	17	もう時間がありません。	Je n'ai plus de temps.
6	中学校	le collège	18	～じゃない？	~, non ?
7	スポーツ	du sport			
8	課外活動	une activité			
9	音楽	de la musique			
10	ピアノ	du piano			
11	水泳	de la natation			
12	書道	de la calligraphie			

Fiche de révision - Activité 1
まとめシート - アクティヴィテ 1

Phrases de base - Activité 1　　　　　　　　　　　　　　構文・アクティヴィテ 1

1	オルセー美術館を探しています。	Je cherche le musée d'Orsay.
2	エッフェル塔を探しています。	Je cherche la tour Eiffel.
3	シャンゼリゼを探したいます。	Je cherche les Champs-Élysées.
4	オルセー美術館に行きたいです。	Je voudrais aller <u>au</u> musée d'Orsay.
5	エッフェル塔に行きたいです。	Je voudrais aller <u>à la</u> Tour Eiffel
6	シャンゼリゼに行きたいです。	Je voudrais aller <u>aux</u> Champs-Élysées.
7	オルセー美術館に行くには？	Pour aller au musée d'Orsay?
8	エッフェル塔に行くには？	Pour aller à la tour Eiffel?
9	シャンゼリゼにに行くには？	Pour aller aux Champs-Élysées?
10	まっすぐ行ってください。(aller)	Vous allez tout droit.
11	まっすぐ行ってください。(prendre)	Vous prenez tout droit.
12	まっすぐ行ってください。(continuer)	Vous continuez tout droit.
13	（一番目の道を）右に曲がってください。	Vous prenez la première à droite.
14	（二番目の道を）右に曲がってください。	Vous prenez la deuxième à gauche.
15	リボリ通りで	...dans la rue de Rivoli

Verbe - Activité 1　動詞・アクティヴィテ 1

1	行く	aller	→ vous allez
2	～に行く	prendre	→ vous prenez
3	そのまま行く	continuer	→ vous continuez
4	探す	chercher	→ je cherche

Vocabulaire - Activité 1　　　　　　　　　　　　　　語彙・アクティヴィテ 1

1	オルセー美術館	le musée d'Orsay	14	駅（電車）	la gare
2	エッフェル塔	la tour Eiffel	15	駅（地下鉄）	la station
3	シャンゼリゼ	les Champs-Élysées	16	通り	la rue
4	まっすぐに	tout droit	17	大通り	le boulevard
5	右に	à droite	18	大通り	l'avenue
6	左に	à gauche	19	広場	la place
7	一番目の	la première	20	河岸通り	le quai
8	二番目の	la deuxième	21	橋	le pont
9	三番目の	la troisième	22	ルーブル美術館	le Louvre
10	四番目の	la quatrième	23	オペラ座ガルニエ宮	l'opéra Garnier
11	次に	ensuite	24	市庁舎	l'Hôtel de Ville
12	次に	puis	25	リヨン駅	la gare de Lyon
13	その後で	après			

Fiche de révision - Activité 2
まとめシート - アクティヴィテ 2

Phrases de base - Activité 2 　　　　　　　　　構文・アクティヴィテ 2

	日本語	Français
1	前菜は何がいいですか?	Qu'est-ce que vous désirez comme entrée?
2	前菜は何にしますか?	Qu'est-ce que vous prendrez comme entrée?
3	サラダにします。	Je vais prendre une salade s'il vous plait.
4	サラダが欲しいです。	Je voudrais une salade s'il vous plaît.
5	サラダを下さい!	Une salade s'il vous plaît!
6	では主菜は何しますか	Et comme plat principal?
7	デザートは?	Et comme dessert?
8	ドリンクは?	Et comme boisson?
9	ほかに何か?	Et avec ça?
10	以上ですか?	Ce sera tout?

Vocabulaire - Activité 2 　　　　　　　　　語彙・アクティヴィテ 2

1	前菜	une entrée	11	サラダ一皿	une salade
2	主菜	un plat principal	12	エスカルゴ十二個	une douzaine d'escargots
3	デザート	un dessert	13	ステーキとフライドポテト一皿	un steak-frites
4	ドリンク	une boisson	14	舌平目のムニエル一皿	une sole meunière
5	〜をボトル一本	une bouteille de 〜	15	クレーム・ブリュレ一つ	une crème brûlée
6	〜をカラフ一杯	une carafe de 〜	16	アイスクリーム一つ	une glace
7	〜を一杯	un verre de 〜	17	水をカラフ一杯	une carafe d'eau
8	〜を十二個	une douzaine de 〜	18	コーヒー一杯	un café
9	分かりました。	D'accord.	19	サラダ一皿	une salade
10	ありがとうございます。	Merci.			

Fiche de révision - Activité 3
まとめシート - アクティヴィテ 3

Phrases de base - Activité 3 　　　　　　　　　　　　　　構文・アクティヴィテ 3

1	こんにちは。	Bonjour.
2	何にいたしましょうか？	Vous désirez?
3	ハムを2枚ください。	Je voudrais deux tranches de jambon s'il vous plaît.
4	クロワッサンを2つください。	Je voudrais deux croissants s'il vous plaît.
5	その他には？	Et avec ça?
6	以上でよろしいですか？	Ce sera tout?
7	どうぞ。（商品や代金を差し出すときに）	Voilà.
8	5ユーロです。	Cinq euros s'il vous plaît.
9	さようなら。	Au revoir.
10	よい一日を。	Bonne journée!

Vocabulaire - Activité 3 　　　　　　　　　　　　　　語彙・アクティヴィテ 3

1	1kg の～	un kilo de ~	11	クロワッサン	des croissants
2	300g の～	trois cents grammes de ~	12	トマト	des tomates
3	1枚の	une tranche de ~	13	キッシュ	de la quiche
4	1切れの	une part de ~	14	エメンタールチーズ	de l'emmental
5	0,50€	cinquante centimes	15	アボカド	des avocats
6	1€	un euro	16	ニンジン	des carottes
7	2€	deux euros	17	メロン	des melons
8	1,30€	un euro trente	18	パテ	du pâté
9	ハム	du jambon	19	クロワッサン	des croissants

Les tests de vocabulaire de « Moi, je... Communication »
「確認テスト」について

Les feuilles de tests sont identiques aux fiches récapitulatives, mais sans le français.

「確認テスト」で扱っている内容項目は「まとめシート」と全く同じですが、フランス語部分が空欄になっておりますので、各課の語彙や重要表現等の確認のテストとしてお使いいただけます。

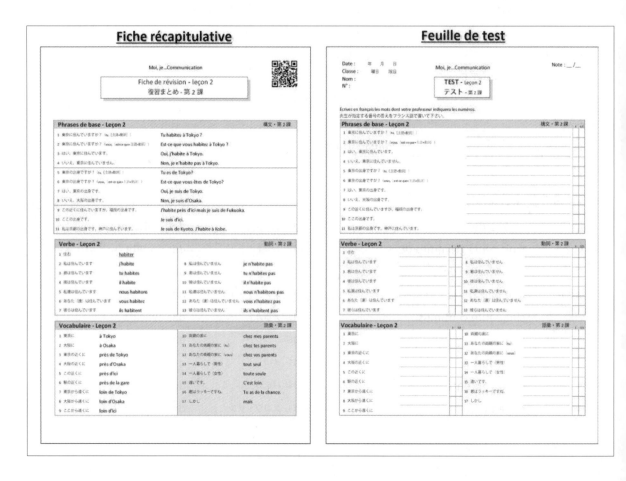

Comment les utiliser ?

Toutes les phrases et tous les mots de vocabulaire étant numérotés, l'enseignant peut facilement annoncer à la classe ce qu'il faut réviser (par exemple : « Révisez les phrases 1 à 8, le verbe et les mots de vocabulaire 1 à 9 »).
Le jour du test, il suffit d'indiquer les numéros des items du test du jour (par exemple : « Phrases No. 1 et 2, verbe No. 4 et 10, mots de vocabulaire No. 3, 4 et 6 »).

「確認テスト」の使い方

復習やテストですべての項目を網羅することももちろん可能ですが、各項目には番号が付いていますので、まずは一部だけを選んで、簡単に学生に復習させることができます。（例えば、「構文の1～8と動詞及び語彙の1～9を復習しておきなさい」など。）
次週のテストでは、その中から更にいくつかの項目をピックアップして取り上げれば、さっとテストを済ませることができます。（例えば、「構文の1と2、動詞の4、語彙の3と4と6を書きなさい」など。）

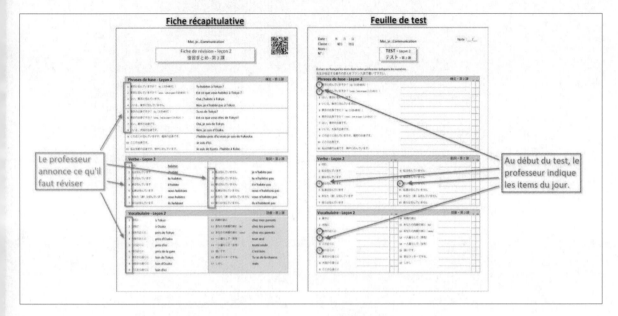

Fiche récapitulative

Feuille de test

Le professeur annonce ce qu'il faut réviser

Au début du test, le professeur indique les items du jour.

Pratique

- Ce système permet d'ajuster facilement le programme de révision et le test selon le niveau d'une classe donnée.
- Dans le cas où le professeur a plusieurs classes similaires dans le même établissement, ce système permet aussi de varier facilement le contenu des tests tout en gardant le même formulaire de test : il suffit d'indiquer des numéros différents.

Comment se les procurer?

Les feuilles de tests sont disponibles sur le site moije-multimedia.com. Vous pouvez les télécharger et les imprimer librement.

→ A noter: il existe aussi des tests de révision / préparation
Les tests de révision / préparation permettent de demander aux étudiants de réviser les phrases de base de la leçon précédente mais aussi d'apprendre à l'avance le vocabulaire fondamental de la leçon suivante.

便利な点

- 復習・テストの項目を選んで学生に指示することで、クラスのレベルに合わせて復習・テストの量や内容を調整できます。

- 同じ種類のクラスを複数担当される場合には、各クラスで異なった問題番号を選んでテストすることにより、回答漏洩を防ぐことができます。

ダウンロードについて

「確認テスト」を moije-multimedia.com よりダウンロードできます。ぜひ復習教材としてご活用ください。

→ 「予習・復習テスト」もあります。
「予習・復習テスト」を使えば、 前回のレッスンの構文の復習と、次のレッスンの語彙や動詞の予習を、一枚の用紙で両方行うことができます。ぜひこちらも合わせて、上記ウェブサイトよりダウンロードしてご活用ください。

Moi, je... コミュニケーション　付属ブックレット　改訂版

Moi, je... Communication　- Livret　　Édition révisée

2012 年 3 月 20 日　初版第 1 刷発行
2017 年 3 月 15 日　改訂版第 1 刷発行
2023 年 2 月 10 日　改訂版第 7 刷発行

著者	Bruno Vannieuwenhuyse, Nicole Massoulier
発行所	株式会社アルマ出版　Alma Éditeur
	www.almalang.com
	Tel: 075-203-4606
	Fax: 075-320-1721
	Email: info@almalang.com
デザイン	長野まり子
印刷・製本	グラフィック
	Printed in Japan

乱丁・落丁はお取替え致します。

© 2017 株式会社アルマ出版　Alma Éditeur
ISBN　978-4-905343-16-5